# 如何打败

## 孩子的拖延

林洪波 / 著

中国华侨出版社

图书在版编目（CIP）数据

如何打败孩子的拖延/林洪波著．—北京：
中国华侨出版社，2017.5
ISBN 978-7-5113-6790-7

Ⅰ．①如… Ⅱ．①林… Ⅲ．①习惯性－能力培养－儿童教育－家庭教
育 Ⅳ．①G782

中国版本图书馆CIP数据核字（2017）第092739号

●如何打败孩子的拖延

著　　者/林洪波
责任编辑/文　蕾
封面设计/聂　辉
经　　销/新华书店
开　　本/710毫米×1000毫米　1/16　印张/17　字数/230千字
印　　刷/北京溢漾印刷有限公司
版　　次/2017年7月第1版　2017年7月第1次印刷
书　　号/ISBN 978-7-5113-6790-7
定　　价/34.80元

中国华侨出版社　　北京市朝阳区静安里26号通成达大厦3层　　邮编100028
法律顾问：陈鹰律师事务所
编辑部：（010）64443056　　64443979
发行部：（010）64443051　传真：64439708
网　址：www.oveaschin.com
E-mail：oveaschin@sina.com

# 前 言
PREFACE

　　明明三下五除二即可完成的事情，却总是拖着不办；明明一个小时就可以写完的作业，总是要拖延到两个小时以上……很多家长为此头痛欲裂，生活和学习的节奏越来越快，可拖延行为却在孩子身上蔓延开来，如果不能及早纠正，孩子长大以后真不知道会变成什么样子！

　　拖延的孩子们遇到什么事都要向后推诿，而拖延习惯的养成对人生事业有百害而无一利。古往今来，那些有大作为的人物，鲜有拖延的习惯，相反，当机立断、雷厉风行似乎是他们的共性。

　　人的性子可以稳，但绝不能慢。拖拖拉拉、懒懒散散的人绝对不会有大出息。从这个角度上说，改变孩子拖延的习惯，推动孩子走上"大有作为"的人生大道，是每一位家长必须重视的问题。家长们任重而道远。

　　想要改变孩子的拖延行为，首先要找到拖延的根源。那么，孩子为什么要拖延呢？

　　有个朋友，小时候被父母认为是不可救药的拖沓孩子，当然，他现在也很拖沓，他说："其实当时我能更快地完成作业，但每次我提前完成，老爸老妈就会千方百计地在我的作业里找错误，如果我的作业全做对了，他们就会说我字写得不整齐，所以我干脆慢慢写，写到他们没时间挑剔为止。"

　　另一个朋友马上附和道："你的情况和我差不多。如果我把作业很快完成了，我父母就会再给我布置课外作业，我还是不能玩。所以我当时一边写作业一边玩，这样我总算还有一点玩的时间。类似的错误，咱们可不能在孩子身上再犯啊！"

由此我们不难看出，孩子的拖延其实是和父母密切相关的。

心理学家通过对拖延症患者的研究发现，五种家庭倾向和与之相伴随的内心恐惧是形成拖延的心理原因。这五种家庭倾向是：施压、怀疑、控制、依附和疏远。

这些原因其实本质都与爱有关。但在孩子看来，这些爱是有条件的，只有符合父母的要求，达成父母的期望，他们才有可能被爱。这个时候拖延就会成为一种工具，孩子通过把事情完成的时间拉长，来表达对父母爱的条件的不满。

所以对待已经开始拖延的孩子，第一步，父母就是要让他们感受到无条件的爱。这个是基础。只有孩子内心不存在恐惧，才能正视不完美的结果，而不惧怕去完成一件事情。

我们还要让孩子知道，他才是自己事情的主人，他必须对此负责，不能依赖别人，爸爸妈妈不可能一辈子帮他做事。

我们需要给予孩子选择的余地，不把我们的意志强加给孩子，我们需要尊重他的意愿，但是如果他进行了自主选择，就一定要监督他完成。

我们要表扬他的努力、坚持，而不是因为结果去赞扬。我们不要只表扬孩子的作业没有错，而是要表扬他在做作业时的态度。

……

总之，改变孩子的拖延行为，家长首先应从自身做起，只有我们认识到自身的问题，反思出孩子拖延的根源，才能更好地应对孩子的拖延行为，帮助他们去除拖延顽疾。

本书从儿童成长规律出发，为广大家长提出了一系列如何纠正孩子拖延行为的小方法。在书中，我们摒弃传统家教图书说教性太强的特质，采用了有趣的叙事方式，能使你在愉快的阅读中，获得帮孩子"快起来"的种种方法，让自动自觉成为伴随孩子一生的好习惯。

# 目 录
## CONTENTS

Part

## 03 他不喜欢，才会拖着不做

Part

## 04 总想把事做完美，孩子快不起来

Part

# 05 孩子心存恐惧，所以犹犹豫豫

Part

# 06 孩子精力分散，难免顾此失彼

Part

# 09　执行力强化：让孩子自觉自发行动

Part

# 10　不催不逼，让孩子自己抓紧学习

# Part 01
## 犹豫多败事，拖延毁一生

　　拖延着实是个令人讨厌又头疼的贬义词，作为现代人的常见"病症"。拖延症不仅影响生活效率，还让人恼火。很多家长发现，自己的孩子竟然也沾染了这一毛病。做事老是拖拖沓沓，现在是动作慢，长大以后又会造成怎样的后果？

# 快人一步，才能在竞争中获胜

无论是在之前、现在，还是将来的竞争中，时间都是战胜对手的一个重要因素，谁在时间上领先一步，谁就有可能取得节节的胜利。只有做到这一点，才能满足新时代对人们的要求，也只有这样的人，才能牢牢地占据主动，发挥自身优势，谋求不断发展。

孩子将来能够发展成什么样子，很大程度上就取决于他能否快速行动。如果一个人只有积极的心态，没有积极的行动，那么这种积极的心态也就仅仅是一个心态而已，并不会产生任何的结果。一个人只有快速地制订计划，并且迅速付诸实施，才能抢得先机，赢得比别人更多的机会。

有这样一个故事。

说三个旅行者徒步穿越森林，他们一边走一边讨论"行动的重要性"。他们聊得很入神，以至于没有意识到天色已晚，等到肚子抗议之时才发现，所带的食物仅剩下了一块面包。

这是三位虔诚的信徒，他们决定不去争论该由谁来吃这块面包，而是把这个问题交给上帝决定。当晚，他们在祈祷声中入睡，希望上帝能发一个信号过来，指示谁能享用这份食物。

翌日一早，三个人被温暖的阳光唤醒，又聊了起来。

"我做了一个梦，"旅行者甲说，"在梦里，我到了一个从未去过的地方，那里充满了平静与和谐，这时上帝出现了，他对我说：'亲爱的孩子，你是我选择的人，你从不追求奢侈，总是奉献快乐，为了表示我对你的欣赏，我想让你去品尝这块面包。'"

"真是奇怪，"旅行者乙接过话来，"我也做了一个梦，梦到了自己光辉的过去和伟大的未来，当我凝视这即将到来的美好时，上帝出现了，他说：'亲爱的孩子，你比你的朋友更需要食物，因为你要领导许多人，需要力量和能量。'"

"你们真的太有思想了！"旅行者丙说，"昨天，我就在这里，见到了上帝，他对我说：'你还记得行动的重要性吗？'然后我就吃掉了那块面包。真要感谢上帝，在我饿得快要死的时候及时提醒了我。"

各位家长不要只把它当作笑话来看，去思考一下它幽默背后的深意：纵然你的孩子有1000个理由成功，但如果他不懂得快速行动，本该属于他的东西就会被别人夺去。

可以预见，未来的生存竞争只会愈发激烈，能够在竞争中胜出的，肯定是那些能够主动认识到自己该做什么，并且认真规划，然后全力以赴的人，而绝不会是傻傻等待别人告诉自己该做什么，并且慢吞吞执行的人。

成功的秘诀，不是梦想有多伟大，而是绝不延误实现梦想的脚步。如果你的孩子，无论做什么总是落于人后，就算你能为他找出种种借口辩解，恐怕他自己都不会原谅自己。

# 好想法往往都毁在了慢行动上

成功是一种实践活动，它始于想法，成于行动。光有想法而不去干，成功就是空谈。平凡的成功者总是靠着正确的想法和行动，一步一步踏上了自己的成功之路。

在众多人当中，感觉敏锐但行动迟钝的大有人在，很多人在看到别人成功后会说："早在几年前我就看出这个机会了，只是没有去做。"没有去做，当然要怪自己。没有果敢的行动，一切梦想都只能化作泡影。

孩子从小缺乏行动力，势必会对其一生造成难以估量的负面影响。

有这样两个兄弟，哥哥从小勇敢无畏，善决断，弟弟自幼谨慎过度，爱犹疑。兄弟俩长大以后正赶上改革开放，他们凭借南方人特有的市场敏锐力，几乎同时看到了政府的富民政策给国家带来的巨大的变化，人们开始摆脱了过去那种自给自足的生活方式，穿衣戴帽都趋向了商品化。于是，兄弟俩同时决定每人办一个制鞋厂。

哥哥说干就干，在他做出决定后，就马上行动起来，请来了师傅，招聘了工人，买来了机器，采购了原料，不出半个月，就把产品推向了市场。而弟弟则犹豫不决，行动迟缓，他想先看看哥哥干的结果如何，然后再决定是否行动。

刚开始的时候，哥哥的制鞋厂办得并不顺利。一会儿市场打不开，产品销路不畅通；一会儿资金出了问题，周转不灵；一会儿财务人员管理跟不上，生产管理混乱；一会儿工资不能按时发放，工人生产的积极性下降，在厂里闹情绪。总而言之，几乎农民企业家创业能遇到的问题这位哥哥全遇上了。看到这些，弟弟暗自庆幸自己明智，心想：自己多亏没有像哥哥那样立即行动，否则也会像他那样步履维艰。

哥哥的制鞋厂的确遇到了未曾料到的一些经营困难，这些困难是任何人创业的时候都可能遇到的。更何况他是改革开放之初第一批创业打天下的人，那时可供借鉴的创业经验也非常少，一切都要"摸着石头过河"。但他并未被困难击垮，凭着顽强的拼搏精神和灵活的头脑，克服了一个又一个困难，在一年之后，他的制鞋厂终于渡过了难关，给了他一个满意的回报。

这时，看到哥哥骄人的业绩，弟弟则后悔不迭。他经过痛苦的思考，最终还是办起了自己的鞋厂。然而，先机已失，当哥哥办鞋厂的时候，全国鞋厂如雨后春笋一样在温州、石狮、青岛、成都等地出现。哥哥的鞋厂就早办了一年，这一年时间为他赢得了众多的客户和市场，而弟弟至今仍客户寥落。十几年后，哥哥已经在全国建起了自己的庞大行销网络，拥有资产数亿元，而弟弟由于没有订单，没有自己的营销网络，他只能为哥哥的鞋厂进行加工，资产连哥哥的百分之一都不到。

这就是立即行动和迟疑不决的巨大差别。兄弟俩同时看到了机会，几乎同时做出了相同的创业决定。不同的是，哥哥的行动准则是说干就干，弟弟的准则是等等再说。前者的行动准则非常积极，尽管他的行动没有十足的把握，但他的行动本身就可以弥补行为的缺陷，因而成功率非常高；弟弟的行动准则表面上看起来很稳妥，但这种稳妥往往却以失去机会作为巨大的代价。

在100个把握机会却失败的事例中，至少有一半以上是因为做事不够果断导致的。把握机会的一个重要准则，就是要在机会面前果断决策、果断抓牢。我们教育孩子，不能纵容他们从小一味地蛮干瞎干，但我们应该赞成、支持、提醒他们瞅准机会、有了设想和计划就毫不迟疑立刻行动。


# 顾虑太多，就会与机会擦肩而过


顾虑太多的人，就没法迈出向前突破的艰难一步，不能给自己的未来做决定，也就只能混一辈子。孩子的拖延，很多时候正来源于他们的顾虑，结果往往是"聪明"反被"聪明"误。


有个中国留学生应聘一位著名教授的助教。这是一个难得的机会，收入丰厚，又不影响学习，还能接触到最新科技资讯。但当他赶到报名处时，那里已挤满了人。

经过筛选，取得考试资格的各国学生有三十多人，成功希望实在渺茫。考试前几天，几位中国留学生使尽浑身解数，打探主考官的情况。几经周折，他们终于弄清内幕——主考官曾在朝鲜战场上当过中国人的俘虏！

中国留学生这下全死心了，纷纷宣告退出："把时间花在不可能的事上，再愚蠢不过了！"

这位留学生的一个好朋友劝他："算了吧！把精力匀出来，多刷几个盘子，挣点儿学费！"但他没听，而是如期参加了考试。最后，他坐在主考官面前。

主考官考察了他许久，最后给他一个肯定的答复："OK！就是你了！"接着又微笑着说："你知道我为什么录取你吗？"

年轻留学生诚实地摇摇头。

"其实你在所有应试者中并不是最好的，但你不像你的那些同学，他们看起来很聪明，其实再愚蠢不过。你们是为我工作，只要能给我当好助手就行了，还扯几十年前的事干什么？我很欣赏你的勇气，这就是我录取你的原因！"

后来，年轻留学生听说，教授当年是做过中国军队的俘虏，但中国士兵对他很好，根本没有为难他，他至今还念念不忘。

顾虑太多的人，总是与机会擦肩而过，他们往往还没有走到挑战的边缘就从心理上败下阵来。其实很多时候，好运就在突破顾虑的那一扇门后面。

一个从小就顾虑重重的孩子，长大以后也必不能为自己的梦想全力以赴。比如一个从小想当作家的人，他只有让更多的人看到自己的文章才有可能成功，正好这时候恰好有一个征文大赛或许可以帮助他实现愿望，但他顾虑了，担心很多事，怕自己的文章被淘汰下来心里接受不了，那他就会因为自己的顾虑心理平白失去一次机会。

顾虑是重重无形的桎梏，让人丧失"烈士暮年，壮心不已"的斗志，摒弃顾虑，前面就可能是铺满鲜花的康庄大道；顾虑是囚禁鸟儿的牢笼，让鸟儿失去了鹏程万里的决心，摒弃顾虑，眼前就可能是沙鸥翔集的水天一色；顾虑是人畏怯衣衫被泥污的窘态，让人只能蹒跚而行，摒弃顾虑，脚下就可能是积翠如云的空蒙山色。

我们需要教给孩子的，不仅仅是足够的经验和智慧，更需要帮他们抛掉顾虑。社会上的那些失败者，往往都是没有准备，没有勇气的人。让孩子学会抓住时机促成自己理想事物的进步，这是我们必须传授给孩子的生存技巧，否则的话，他们在将来的生活中就会贻误战机，就会犯左右为难的错误。

其实很多失败者，不是没有能力做好，而是思想出了问题，总是瞻前顾后、患得患失。人生背负太重，就无法前行。作为家长，我们的责任就是帮孩子卸下这些包袱，让他们勇往直前，直奔目标。

# 迟疑不决的人永远找不到好答案

很多人都在为某事纠结着、苦闷着。除了招来烦恼外，并不能带来什么好处，纠结无助于问题的解决。

法国哲学家布里丹曾讲过一则寓言故事。

故事的主角是一头小毛驴。每天，主人会准备一堆草料供它享用。这天，或许是主人好心，多买了一堆草料。当毛驴面对两堆数量、质量相等的草料，它顿时蒙了：究竟该吃哪一堆呢？看看左边这堆，不错；再瞅瞅右边这堆，也很对胃口。毛驴只能一会儿往左，一会儿往右，一直没有做出决断。最后结局是悲惨的，这头毛驴就在不断纠结、犹豫中，被活活饿死了。

其实很多人都像这头毛驴，在纠结与犹豫中空度时间，最终走向人生的毁灭。

　　坦诚地讲，这其中有一部分原因来自于父母、老师当年的教育。我们从小被灌输要做计划、要养成走一步看三步的思维模式，这当然不是错，但它又是一把双刃剑，因为"三思后行"和"谨言慎行"的度，事实上并不是那么好把握，而且多数时候，我们都将它无限放大。

　　于是，每个人在成长成熟的过程中，就碰到了一个"成长剧痛期"：小的时候我们只要把公式都记住了，把难题弄懂了，就能考个差不多的分数；只要肯下力气学习，好歹就能考上个大学，有个前途。可是真正步入社会以后我们发现，我们之前的所学并不足以应付社会中的林林总总的难题，很多人能有一份工作，赖以生存下去就不错了。这个时候一些不满现状、曾对生活充满憧憬的人就开始混沌了，我的下一个目标在哪里？我的努力会有结果吗？摆在我面前的路不止一条，我该怎么选择？谁能保证我不后悔？

　　于是就有了无休止的绞尽脑汁和挠破头皮的利弊分析，久而久之，怀疑思维定式和行为记忆就控制了我们，导致我们在做大事小情之前，都要经历泥泞挣扎的前思后想和自我折磨。我们永远像个悔棋不倦的臭棋手，恨不得不做出选择。这不仅让我们身边的人压力颇大，还更多地折磨了自己。可惜多年以后，我们转过头来再看从前，还是觉得自己当时选错了，遗憾的地方仍能写满一整张纸。我们甚至可以发现，很多时候正是自己当年的左右摇摆犹犹豫豫，让机会擦肩而去，才造成了今天的不如意。而我们现在需要避免的是，在孩子身上再发生类似的悲剧。

　　所以我们需要培养孩子果断做出决定的品质：那就是要他们相信自己，基于当前的情况，自己正在做出正确的决定。同时还要让他们知道，基于自己的决定所导致的后果，自己在今后的道路上有能力做出正确的抉择来改正自己的错误。到那时，全世界包括他们自己都知道，自己已经真正学会了果断做出正确决定的能力。

拿破仑·希尔小的时候不是一个讨人喜欢的孩子。不讨喜的孩子心思都很细密。他发现自己想要做的事情如果不马上去做或表态，就会出现另一种结果——永远也别想得到。比如，爸爸问他想不想去姑妈家，他一犹豫，爸爸便带着其他人抽身走出家门，比如，继母问他要不要吃糕点，他一迟疑，糕点马上成了弟弟的美餐。如此的情况多了，他养成了一个习惯，对于自己认定的事情，在最短的时间内给出结论。

　　25岁那年，在一家报社做记者的他接到一个采访钢铁大王卡内基的任务。因为是第一次采访，他做足了功课，采访进行得很顺利，卡内基侃侃而谈，他的采访本上密密麻麻写满了采访记录。突然，卡内基问他，是否愿意接受一份没有报酬的工作，用20年的时间来研究世界上的成功人士。没有报酬，20年的工作时限？

　　他微微愣了一下。不过马上意识到这是一项极具挑战的工作。同意？不同意？同意等于没有钱赚，不同意呢，失去了与成功人士对话的机缘。进退两难，理想占了上风，他喜欢有挑战的生活。

　　"我愿意！"他响亮地给出了答案。

　　卡内基也怔了一下，不确定地询问："你真的愿意？"

　　"愿意！"

　　卡内基露出了满意的笑容。抬手，露出了紧握在手中的手表：如果你的回答时间在60秒之外，将得不到这次机会。我已经考察近200个年轻人，但是没有一个人能这么快给出答案。

　　说明他们优柔寡断，犹豫不决。我认可你！

　　第二天，卡内基带他采访了当时最著名的发明家爱迪生。再之后，又通过卡内基的联系与帮助，他结识了政界、工商界、科学界、金融界等卓有成绩的近500位成功者。在研究和思考他们成功经验的基础上进行比对与研究，终于找到了人们梦寐以求的人生真谛——如何才能成功。

而做这一切，果真与卡内基说的一样，整整花了 20 年的时间。

之后，他根据自己的研究写了一本《成功规律》，为年轻人指点迷津。这本书一上市就得到热卖，一度创销售纪录新高，成为激励千百万人获得财富和地位的教科书。

而他不仅成为美国社会享有盛誉的学者、激励演讲家和教育家，百万美元收入的长期的畅销书作家，而且成为两届美国总统——伍德罗·威尔逊和富兰克林·罗斯福的顾问。

面对纷至沓来的荣誉，他说：果敢是成功的救命草。没有那天我的坚定应答，就没有今天的成就。

一个人从小做出的决定越多，他的行动就越多，他所目睹的结果就越多，这样他们所能搜集的相关信息就越多，从而所做出的决定就越来越成功，这个过程会这样一直循环下去。这就是为什么我们要培养孩子果断品质的原因。

# 拖延是个非常可怕的坏毛病

当学员们走进西点军校以后，教官一定会要他们记住这样一条法则：没有借口，绝不拖延。因为在西点军校的观念中，拖延者就是制造借口和托词的专家。"如果你存心拖延、逃避，你自己就会找出成千上万个理由来辩解为什么不能够把事情完成。"西点将军布莱德雷如是说。

这样做的后果是什么呢？西点教官解释说："比如学员第一次没有穿戴好军装，他觉得自己是一时失误，他可以找一个说得过去的理由为自己辩解。但是，有了第一次就会有第二次、第三次……乃至以后的很多次，这个人就会习惯在军容问题上找借口，最终养成无故拖延的习惯。所以在我们西点，不需要任何借口和托词，坚决拒绝拖延。无论你在进入西点之前是个怎样的人，既然你想成为西点人，你就要有西点人的精神，遵守西点人的法则。"

说到这里，或许有人要说："我从没想过让孩子进入西点啊！"这是借口和托词吗？难道孩子不进入西点就可以无限拖延了吗？别忘记钱鹤滩先生的那首《明日歌》："明日复明日，明日何其多。我生待明日，万事成蹉跎！"

客观地说，对于日常生活而言，拖延未必就等于误事。然而如果孩子们从小就一味拖延，不仅会将大量的时间浪费在无益的事情上，而且会严重影响他们在人生发展中的创新和求精能力。而且，假如我们孩子的这种习惯发展蔓延，等到他们长大成人以后，他们的生活热情不会很高，他们很难具备积极的心态，最终他们可能会变得懒散、麻木，失去奋斗的激情。虽然拖延这一习惯常表现在一些小事上，但日积月累，同样会成为阻碍他们人生发展的绊脚石。

"今天晚上一定要把稿子写完！"杂志社实习编辑黄晓飞一回到家便开始"信誓旦旦"。这时，离交稿日期还有一个晚上的时间。其实，要撰写一篇两千多字的稿件，一个晚上的时间绝对是绰绰有余的。那我们就看看黄晓飞是怎样安排时间的。

他首先打开 word 文档，然后给自己泡上一杯咖啡，他准备开始写了。但这时，他发现微博上有信息更新，于是打开微博，巨细无遗地查看大家都发了些什么好玩的。当他关闭微博页面以后，时针已经指向了八点。

"该吃饭了。"黄晓飞心里想着，然后打电话叫了一份外卖，一边等待，一边写着稿子。没多久，外卖送来了，黄晓飞借着吃饭的空打开了邮箱。其中有几份是团购广告，嗯，这个餐厅不错，KTV 也不错，适合在周末和那些哥儿们姐们儿小聚。于是吃完饭，他又给几个朋友打了电话，最终在征询朋友们的意见以后，购了几张优惠券。

咦，这个声音，隔壁那对小情侣是在看韩剧吗？还差两集就看完了，我不如把它看完再写吧。这样想着，黄晓飞又打开了优酷……韩剧看完总该写稿了吧？然而这时黄晓飞又发现，家里的水果吃完了，于是下楼去买了些水果，顺便买了本体育杂志，一边吃水果，一遍津津有味地看杂志……

杂志浏览完了，黄晓飞开始写了，但他又觉得缺乏灵感，于是他又开始疯狂地刷微博、逛淘宝、看朋友圈，等他觉得必须要定下心来写东西时，已经是凌晨两点半了，而 word 文档里只有 573 个字符。

这种拖延的坏习惯从小时候起就已经开始跟随黄晓飞了，那时他的父母都觉得这只是小问题，不会影响学习，但现在，他们的孩子吃足了拖延的苦头：虽然黄晓飞的文采不逊于任何人，但每次都是最后一个交稿子的。主编的语气里已经明显有不满情绪了，他自己也曾发誓不再拖延，但实际上总是不争气地一犯再犯。以目前的情况来看，他很可能失去这个心爱的工作。

宇宙有惯性定律。什么事情一旦拖延了，就总是会拖延，但一旦开始行动，通常就会一直做到底，所以，作为家长我们首先要明白，凡事行动就是成功的一半，并且要帮助孩子深刻认识到这一点。

# 一拖再拖，只能被别人甩在后面

有个农民，从小就是个慢性子，凡事能拖则拖。那时候他们住的都是窑洞。这个人喜欢靠在自己的窑洞门口晒太阳，有人指着他的破窑洞说："你的窑洞该修了。"他说："我打算明年春天上修。"第二年春天他仍然懒洋洋地靠在窑洞门口晒太阳。有人又对他说："你窑洞顶上裂了缝，快修吧！"他又说："等麦收了一定修。"麦子收了他又改变了主意，又想等收了秋田再动工，秋田收了，他仍没有动工修窑洞的意思。后来一场大雨，窑洞倒塌了，他被活活埋在了废墟里。

这就是拖延造成的恶果，本应避免的悲剧就因为拖延而发生了。所以拖延的孩子，很难获得成功的青睐。事实上，世界上最不容易成功的就是那些总把问题放到明天来解决的人。世界上最可怜又最可恨的人，莫过于那些总是瞻前顾后、不知取舍的人，莫过于那些不敢承担风险、彷徨犹豫的人，莫过于那些无法忍受压力、优柔寡断的人，莫过于那些容易受他人影响、没有自己主见的人，莫过于那些拈轻怕重、不思进取的人，莫过于那些从未感受到自身伟大内在力量的人，他们总是左右摇摆，怕这怕那，最终自己毁坏了自己的前程，一事无成。

有个孩子，智商非常高，就是做事特别能拖延。这种习惯在步入社会以前对他的负面影响并不明显，他一路考进名牌大学，毕业后决定下海经商。

有朋友建议他炒股，他豪气冲天，但去办股东卡时，他犹豫了："炒股有风险啊，再等等看吧。"于是很多人炒股发了财，等他进入股市时，股市却已经疲软。

又有朋友建议他到夜校兼职讲课，他很有兴趣，但快到上课时，他又犹豫了："讲一堂课才百十多块钱，没有什么意思。"

于是又有朋友建议他创办一个英语培训班，那样可以挣得多一些，他心动了，可转念一想："招不到生源怎么办？"计划就这样又搁浅了，后来当国内某知名英语培训机构上市时，他又懊悔不及。

他的确非常聪明，也很有才华，可一直在犹豫，在拖延，转眼很多年过去了，他什么也没做成，越发地平庸无奇起来。

有一天，他到乡间探亲，路过一片苹果园，望见满眼都是长势苗壮的苹果树，禁不住感叹道："上帝赐予了这世界一块多么肥沃的土地啊！"种树人一听，对他说："那你就来看看上帝怎样在这里耕耘的吧！"

很多人光说不做，总在犹豫；也有不少人只做不说，总在耕耘。犹豫不决的人永远找不到最好的答案，因为机遇会在犹豫的片刻失掉；勤于耕耘的人总是收获满满，因为流下的汗水会将生命浇灌得更加鲜艳。

我们都希望自己的孩子出人头地，当如果不去除他们拖延犹疑的习惯，想必难以如愿以偿。真的，无论是谁，无论想干一件什么事，如果优柔寡断、该出手时不出手的话，就会一事无成。而整个事情成功的秘诀就在于——形成立即行动的好习惯。有了这样的习惯，孩子将来才能站在时代的前列，而如果一直拖延，直到时代超越了他，结果就是他被甩到后面去了。

# 懒散是一种非常愚蠢的行为

孩子的将来掌握在自己手上，他们必须积极地应对一切，而不是被动地接受命运，因为好运不会眷顾懒惰者。所以从小你就要让他们明白，懒散是一种非常愚蠢的行为。

挪威小提琴家奥尔·布尔，当他还只是个男孩子的时候，就已经开始坚持不懈地练琴了，不过他却一直没有取得突出的成就，但他并没有因此放弃练习。他自始至终都相信，坚持不懈地努力一定能够换回成功的机会。就这样，一过就是若干年。

有一天，当他正在全神贯注地练琴时，著名女歌手玛丽·布朗恰好从他的窗前经过。奥尔·布尔的演奏一下子吸引了她，令她流连忘返，她未曾想过，一把小提琴竟可以演奏出如此的天籁之音。待一曲终结以后，她赶紧敲响了这个不知名乐手的房门，她希望能结识这个人。

不久以后，在一次极具影响力的演出中，玛丽·布朗因为与剧场经理意见不同，不得不临时取消了自己的演出。那么，由谁去顶这个空当呢？玛丽·布朗第一时间想到了奥尔·布尔。在无数观众的注视下，奥尔·布尔如痴如醉地演奏了一个多小时。正是这一个多小时，改写了奥尔·布尔的命运，使他最终登上了世界音乐殿堂的巅峰。

如果你认为奥尔·布尔只是运气好，是玛丽·布朗慧眼识英才，是那一个小时的机遇成就了他，那就未免有些肤浅了，我们应该看到，他早已为此准备了若干年。

事实上那些成功者是从来不相信运气的，在他们看来，再好的机遇给予那些懒惰者，也会变得一文不值。他们认为，对于那些从不为未来做准备的人而言，再大的机遇，也只是彰显他们懒惰无能、使他们变得荒唐可笑的事件罢了。

说句不客气的话，懒散的孩子将来会把生命当作负担来应付，他们纵然心里想着成为卓越的人，但因为从小懒散惯了，不肯为此付出相应的努力。这样的孩子，即使机遇来敲门，他们也会磨磨蹭蹭到机遇离开以后才晓得把门打开。

懒散惯了，人就会越发没有斗志。多少人从黑发少年等成白发老朽，最后等来的却只是南柯一梦。人生的成就在于主动。机遇是人生质变的重要条件，然而机遇与懒惰者是绝缘的。机遇，往往只在个体积极进行人生开拓的过程中出现，同样的一件事，放在懒惰者面前可能那就只是一件事，而放在积极准备、不断创造的人面前，那就足以成就人生的飞跃。

不断重演的历史告诉我们：先知先觉才能把握机会，后知后觉只能跟随别人的机会，无知无觉根本没有机会。懒散，永远不会使你的孩子成为真正优秀的人，你见过哪一个纸上谈兵或是看热闹的人能够在竞争中脱颖而出？

想法决定活法，思路决定出路，机会决定未来，而行动，决定机会！机会它总是悄悄地来，又悄悄地走开，如果你的孩子准备不足，它不会在他的生命中留下一片云彩。机会它又像小偷，来的时候如果没有察觉，那么它走的时候定会让人损失惨重。因为孩子失去的不仅仅是一次机会，很有可能那就是生命的转机。机会也很公平，它不会对谁格外青睐，也不会对谁格外吝啬。所以我们所要做的就是，在它到来之前让孩子努力做好准备，在它到来之时迅速地抓住它。

# 望子成龙从培养孩子的主动性开始

哈佛大学曾对 200 名孩子进行了长达 20 年的跟踪研究，结果表明，影响孩子发展最根本的两个因素就是——主动性和执行力。这两项能力发达并且平衡的孩子，发展最为理想。

怎样才算主动性与执行力发达？就是能够以内在兴趣为核心，以探究精神、好奇心为主，自发自觉并且不遗余力地做事情。对于孩子来说，具备主动性和执行力这两个指标，人生轨迹基本就不会太差了。

在这两个指标体系下，孩子可分四种类型：

第一种是主动性和执行力都很强，这是理想型；

第二种是主动性弱，执行力强，这是小绵羊型；

第三种是主动性强，执行力差，这是眼高手低型；

第四种是主动性和执行力都很弱，这是游手好闲型。

相对地，这四种类型的孩子其人生发展会形成很大反差。

通用电气公司为了衡量员工各项指标，每年都会组织员工做野外拓展训练。其中有个项目是这样：要求一个团队用汽油桶等材料扎成木筏，并且全体队员最后要乘坐木筏达到指定的地点。在这个过程中，通常会出现这么几类人：一类是旁观者，不发言也基本上不干活，随便找个什么借口（比如身体不舒服）在一边看着，这就是从小主动性和执行力都很弱的人；一类是批评家，他们专门挑毛病，指出哪里做得不对，但是也说不出正确的做法该怎样，这就是从小主动性强执行力差的人；一类人是老黄牛，别人叫他怎做他就怎样做，没有自己的想法和主意，但做起事来不含糊，这就是主动性弱执行力强的人；还有一类人是实干家，他们或听取别人的意见，或根据自己的判断，一根绳子一根木头地把木筏扎起来，事实上，这个木筏基本上都是这类人扎起来的，这就是从小主动性和执行力都很强的人。

任何组织里都有上述的四类人，旁观者不用说，是任何公司都想要开除的对象，因为他们是毫无价值的。批评家，虽然可以主动地提供意见，但是通常毫无建设性，一般不太受待见。老黄牛，在很多组织里，这类人其实是挺受欢迎的，但是他们缺乏主动做事的能力，所以一般职业发展中规中矩，没有大错，也做不出大成绩。而实干家，则是任何组织都最为看重的骨干。

那么现在衡量一下，你的孩子将会在"扎木筏"的过程中扮演一个怎样的角色呢？你又希望他将来扮演一个什么样的角色？

就家长们而言，我们无不期盼自孩子将来能出人头地，让人刮目相看，这是做父母的最大骄傲。那么，我们就要从培养孩子的主动性和执行力开始，这是他们成才的关键。

有专家学者对世界上有高成就、高创造力的人进行分析，发现他们有六个心理品质，而其中的前五个都属于主动性的发展——对自己感兴趣事物的巨大内在兴趣和高度热情，不可阻止、自发的学习行为，强烈的成长动机，反潮流精神、独立性、创造性、求新求异性，这些都体现了主动性的发展。而第六个心理品质，中国人非常突出，这就是孜孜不倦的工作态度和克服困难的坚韧精神，这一点让全世界都惊讶。

客观地说，中国传统教育方式，有很多值得肯定的地方，但对主动性、创造性支持不够，更多是强调道德修养和自我克制。所以，新时代的家庭教育更需要与时俱进。

# Part 02
## 拖延型孩子是怎样养成的

　　每一个拖延行为的背后，都有一个爸妈不知道的深层原因。所以，当我们试图改变孩子做事拖拉习惯的所有努力都没有好的效果时，就需要从更深层次去探索这一行为的源头，从而找到最根本的改进方法。

# 孩子拖延的深层原因剖析

"孩子，你能不能快一点！"这句话很多家长都说过吧？孩子做事慢吞吞：慢吞吞地吃饭，慢吞吞地穿衣服，作业总是拖到半夜才写完，画个图也画上半天……大人急得火烧火燎，他还是不徐不疾的！爸爸妈妈沮丧极了，逢人就抱怨自己养了个"慢性子"。其实，更加不幸的是：作为父母没有意识到，导致孩子"慢性子"的深层次原因，因而总是不能对症纠正，结果往往是适得其反。

那么，究竟是什么原因让孩子如此拖延的呢？

（1）先天因素

拖延并不只是一种坏习惯，有诸多研究已经表明，生理原因也会造成这一现象。在人的大脑功能分区中，与计划、控制、注意力和执行有关的脑区，是大脑前额叶皮层功能区。当这部分区域功能受损或不活跃的时候，大脑排除杂扰事物的能力就会降低，注意力也会严重受到影响，做事效率会显著降低。如果孩子的运动协调能力、注意力以及反应能力比同龄人逊色，一个最直接的后果便是无论做什么事情都仿佛"慢半拍"。

作为父母我们需要注意观察，如果你的孩子在运动协调能力、注意力和反应能力方面，与同龄人存在一定的差距，那么就应该相应地锻炼刺激他们大脑这一功能区域的发育，比如让孩子多参加体育运动，如跳绳、打球、下围棋或者游泳等，这对于刺激孩子神经末梢和协调功能来说很有效果。另外，对于这样的孩子，父母不应该给孩子下达过多的学习任务，而是应该鼓励孩子多运动，同时可在睡前对孩子进行全身按摩。

（2）心理因素

造成孩子拖延的心理因素细说起来有很多，但总结起来就是一条——凡事拖拉的孩子，通常不痛快。

诸多家庭实例已表明，凡事拖延的孩子，往往有一个性格急躁、期望值高和控制欲强的父母。在对教育孩子的过程中，这些父母总是在给孩子施压，不断地在"督促"和"强制"孩子完成他们给孩子定下的目标，根本不给孩子选择的机会。面对如此强势的父母，孩子往往会产生很深的无助感，最后只能选择将拖沓作为无意识隐性对抗语言，在心里不断给自己暗示"我没有自由做决定，但我可以拖延你们的决定"，并由此强化了自己的拖拉行为。

要改变孩子的这种心理状态，最重要的就是培养孩子的自我意识。孩子的自我意识，在于尊重孩子和给孩子选择权。打个比方说明一下，如果在孩子写作业的问题上，你一直在旁边啰唆不停喋喋不休，孩子就会受到心理刺激，往往会把"拖着写"作为自己的武器来与你进行软对抗。反之，如果你从小就把写作业的事情交给孩子，孩子慢慢便能够学会自己掌控时间。

（3）行为原因

有些孩子的拖拉只是单纯行为层面上的。但是在这些行为背后，却潜藏着缺乏时间观念、做事没条理、缺乏计划性、注意力不集中等客观因素。如果一个孩子没有时间观念，他就不会觉得原本一个小时就能做完的作业却用了两个小时是一种时间浪费，会带来某种损失；如果孩子做事没条理缺乏计划性，他就不能很好地把握事情的重点和节奏，那么效率必然不好。此外，孩子做某一件事时，如果周围环境不好，经常出现诱惑因素，他们自然难以专注地做事情。

对于这些原因造成的拖沓行为，父母首先一定要给孩子明确界限，让他们知道，哪些行为可以接受，哪些行为是绝对不能接受的，一旦孩子出现越界行为，必须要对其进行适当合理的惩戒，以强化孩子的行为自律性。以培养孩子时间观念为例，当孩子在做某事时，可以和孩子达成一个共同认识，也就是一个现实的时间限定，把守时的任务交给他们自己，比如"准备好书包，5分钟后出门"、"9点钟准时睡觉，8点40之前请把作业完成"等。这种简短陈述的目的是让孩子意识到：我们希望，也认为他们能够准时。始终用这种正面的预期方式，让孩子自己觉得时间仓促，他们才会自动自觉地抓紧时间。如果孩子写作业磨蹭，那么不断督促和代替完成都是极不可取的，我们先别急，让孩子自己急。如果孩子没能完成老师布置的作业，老师肯定会问他原因，并进行批评。孩子受到教育后，就会认识到拖延带来的害处，以后就会加快速度。

（4）习惯了包办代替

有些父母常会因为孩子慢，觉得与其让孩子自己做，还不如自己替他做，这样更省心，更省事。时间长了，这种包办代替的做法剥夺了孩子锻炼的机会，不仅会使孩子的惰性越来越强，而且他们的自理能力和动手能力也得不到锻炼，做起事来当然不会得心应手，拖拖拉拉的了。长此以往，更是会形成对父母的习惯性依赖，即使是面对一些自己能够完成的事情，他也会在那里不紧不忙地磨蹭着，等待家长的援助之手。

比如孩子早晨起床后磨磨蹭蹭的，爸爸妈妈由于害怕孩子上学迟到而急得不得了，可是孩子却在一旁依然慢条斯理的，因为孩子心里明白，自己动作磨蹭一点没关系，到时候妈妈会来帮我的，反正上学是迟到不了的。所以，要想让孩子不再磨蹭，父母就必须剔除对他的多余的关爱，让孩子远离对父母的依赖，更不能因为看孩子干得慢就包办代替。

（5）父母的反面作用

有拖沓的父母，必有拖沓的孩子，父母平时不注意约束自己，懒懒散散，拖拖拉拉，起到反面教材的作用，孩子有样学样，也变得拖延。

在克服孩子拖延症的问题上，父母的表率作用非常重要，当我们为孩子的拖延苦恼时，首先应该反思自己在遇到事情的时候是否也有拖延的行为。如果你不想孩子拖拉下去，那么首先就应该杜绝自己的拖延行为。

# 慢孩子从父母的看不惯开始

有些父母性子急、思维反应快、处事果断利索、做起事来风风火火，他们的价值观较高、期望值也很高，做事讲究效率、喜欢操控和教导人。这类父母养育孩子的方式，往往以说教、给现成的答案、命令（"你应该……""你不应该……""你必须"）为主。在这种教育模式下，孩子体验的是：总有人替我做决定，安排好我要做的事，根本不必独立思考。因而他们很难养成对自己行为的责任能力。

这类父母有一个通病，就是总以成人的行为标准要求孩子，而并不是设身处地考虑孩子的实际情况。事实上那些在成年人看起来很简单的事情，小孩子不可能很快地、熟练地掌握技巧，他们需要花很长时间逐渐学会快速地穿衣服、吃饭、做手工、做上学前准备等。而这个时候，对他们最好的帮助就是父母的态度：对孩子的成长给予耐心，对任务的困难进行一点评价。如"要把自己的床铺收拾好很不容易"、"一小时之内做好这个模型很难"等。这样的评价对孩子而言是一种潜在鼓励，不管他们的努力最终是失败了还是成功了，他们都会接收到良好的心理信息。如果孩子成功了，他们知道一件很难的事情被自己征服了，会产生满足感，并再接再厉；如果孩子失败了，他们从父母那里接收的信息是"这件事并不容易"，因此也不会产生过分的恐慌和自责，同时孩子感觉到了理解和支持，这会加深他们与父母之间的亲密感。

我们最不愿意看到的是，那些不客观的父母，特别是唠叨型的母亲，在孩子做某件事情失败时，或没按他们的预期完成时，一股脑儿地表达自己的不满情绪，数落和指责孩子（这时孩子接收到的信息是，自己的能力不够），从不允许孩子说出他们的想法。这种教育模式如果一直重复，孩子的"无能感"就会日趋严重，从而导致退缩行为。可以这样说，拖沓孩子的父母，一定是用成人效率在要求孩子，但孩子是不可能达到这个标准的。这种效率对孩子来说，是束缚、是敌人，它会造成孩子情感的压抑和性格的极端任性。孩子需要试验、探索、努力的机会，也需要父母的耐性，你不给他这些，等于是在揠苗助长，结果就是适得其反，你要求得越高，孩子就越慢。事实上，大多孩子的慢性子，就是被大人对效率的一味要求弄出来的。

在孩子的教育问题上，父母的行为模式决定着孩子的行为表现。因此要改变孩子的拖延习惯，父母首先应该从正视自己的行为方式开始。如果你情绪难以自控，容易口不择言，看不惯孩子的动作慢，那么，在要求孩子之前，请先学会控制自己的情绪，避免让孩子感觉到你的不信任和不耐烦。其次，要给孩子保留成长的空间，也就是说，你的行为模式应符合孩子的心智成长的规律。

# 家有拖沓童，必有催促娘

有拖延习惯的孩子，一定有一个急性子的妈妈或者爸爸，并且父母一般都有强烈的道德感和责任感。这是一个很有趣的现象，孩子在被不断要求下，完成事情无法获得主观的心理满足感，而只是"脱罪"感，意思是我完成的事情都是别人需要我完成的，但不完成会受到惩罚。这样的孩子往往会有拖延行为。那焦虑又很负责的父母恰恰是下达指令的人，更多的父母可能是为了要完成"负责的父母"的角色，忽略孩子的需要催促孩子，这样的孩子会慢慢产生拖延现象。

鲁文有个怪癖，就是别人一催促他或者站在他背后，他就感觉节奏被打乱，工作效率下降。

细问之下，发现鲁文的妈妈是个非常急躁的人，而鲁文则是个稳性子，于是鲁文的童年就在母亲的"催促"中度过了。

周末，9点钟鲁文要去补习班，于是一大早，鲁文家里就一片嘈杂，妈妈喊了N遍"快点啊，马上就迟到了，你还不去洗脸刷牙？快点呀！"时钟指向8点50了，可鲁文还是不慌不忙地赖在床上玩玩具，气得妈妈火冒三丈，一把拎起他，抱到洗漱间强行洗漱，母子又是一番战斗。

平时，小学生下午4点多就放学了，鲁文到家5点多点。妈妈要求鲁文必须在6点半之前完成作业，可鲁文经常要写到7点多，有时甚至要写到8点，因为他写得很认真。妈妈看到鲁文这个样子，又对比邻居小虎的情况，觉得鲁文贪玩，写作业不专心，于是决定好好监督他，让他改过来。后来放学一到家，妈妈就追问鲁文作业是什么，盘算作业量。鲁文正兴奋地跟妈妈分享学校里发生的事情，但妈妈根本没心思听，只是催促他快点写作业；鲁文饿了，跟妈妈说，妈妈不耐烦地吼了起来："我叫你快点写作业，你没听见吗？不写完不准吃饭！"

鲁文愣住了，一时还搞不清状况，不知道自己做错了什么，为什么妈妈要对他发这么大脾气。他被吓住了，很害怕，心里很难受，坐到书桌前，但根本没心情写作业。

过了一会儿，妈妈偷偷观察鲁文，发现他只是摊开了作业本，在那里呆坐着只字未动。妈妈的火更大了，大声质问："为什么不写作业？走什么神呢？"鲁文不说话，委屈地看着妈妈，妈妈再一次逼问："我问你话呢，怎么不回答，你是哑巴吗？"鲁文终于忍不住了，"哇"的一声大哭起来。妈妈觉得很崩溃，失望地说："你爱怎么样就怎么样吧，我不想管你了！"遂不再理鲁文。

鲁文哭了一会儿就不哭了，一个人坐在那里发呆，妈妈看到他这个状态，心有不忍，好说歹说把他拉去吃饭了。饭桌上，妈妈告诉鲁文："以后你写作业快一点，你快点写完我当然不会冲你发脾气了……"鲁文连着答应了几声"哦"，没再说别的。妈妈觉得还比较满意，好像自己的话孩子终于听进去了。

然而并非如此，鲁文并没有快多少，作业还总是出错，并且形成了那个只要别人站在身后一催，节奏就被打乱的心理障碍。

鲁文这样的孩子本应该成为一个沉稳的人，却因为节奏不断被打乱，成了一个浮躁的人：不仅讨厌人家在后面监督他的进度，也特别害怕别人的催促，遇到急事容易自乱阵脚。

这里提醒一下爱催促孩子的父母：孩子有自己的节奏，对他们而言，感觉最舒服、最顺畅、最有力的就是顺应自身的生理节奏，如果不考虑实际情况，一味逼迫孩子节奏加快，对他们的身体和心理都会造成损害，而他们也不会单纯因为你的催促就变快。

一再催促孩子快一点，实际上等于在否定孩子，告诉他"你的能力有问题，安排不好自己的事情，需要我的监督和提醒"，这样的方式孩子打心里是不愿意接受的，所以他不会真心按你的要求去做。父母见自己的话收效甚微，就会产生挫败感，引发不良情绪，于是开始强制、命令或者威胁孩子。父母的不良情绪会让孩子感到很不舒服，潜意识中他们开始分出更多精力来应对大人的情绪，这势必会影响他们做事的效率。而且，再进一步，当孩子发现自己的拖延可以使大人产生很大情绪以后，他们有时会有意识地将其作为对付大人的一种手段。久而久之，一个拖延的孩子就养成了。

所以我们奉劝父母，不要过分地催促孩子。也许有的家长要说了"我有什么办法啊，现在社会节奏这么快，我不催他，他将来就肯定被别人甩在后面的。"在这里再强调一下，"催"孩子是可以的，但不要过分催促。过于频繁地催促，说到底，还是爸爸妈妈太焦虑了，他们自己习惯了社会的快节奏，以至于在家里也要保持这种节奏，甚至想让孩子跟上他们的"节奏"。这显然是把焦虑转嫁到了孩子身上，可能会导致孩子的生活节奏混乱，认为是自己出了问题，他们要么认同父母而变成一个同样焦虑的人，要么会以一种消极拖沓的方式对待生活，并以这种被动拖沓的方式，表示自己对父母的愤怒。

有道是"家有拖沓童，必有催促娘"。催促给孩子贴了一个标签——你管不好你自己，你要我盯着，孩子接受了这种暗示，拖延的行为更得以茁壮成长。结果做娘的累死，当儿的烦死。所以，我们不妨试着将自己的节奏放慢一下，等等孩子，你会发现孩子并不会因为偶尔的磨蹭而成为不负责任又拖拉的人。反之，你的宽容，会给他更多思考的空间，在每次失败的教训中学会安排自己的时间。

# 爸妈逼迫出来的拖延症

其实，每个拖延的孩子内心并不想拖延，甚至会因为拖延而恐惧和焦虑，他们也担心做不好招来责罚，影响自己在父母和老师面前的表现，最重要的是削弱自己的自尊和自信力。但是，有些父母的不恰当做法，却生生逼得孩子不得不拖延。

"你不知道啊，就算我使劲催，她也要把作业拖到非写不可的那一刻，真是让人崩溃……"露露妈一脸惆怅地说。

露露是个九岁的孩子，妈妈规定她每天九点准时睡觉，一般来说，她七点左右就能把老师布置的作业完成，效率还是蛮高的。露露妈是个很要强的女人，当年因一分之差与重点大学失之交臂，现在只能在一个名不见经传的小企业做着不咸不淡的差事，心里懊悔不已，一结婚她就暗暗发誓，绝不能让孩子重演自己当年的"悲剧"。这不，露露妈眼见孩子的作业量这么"少"，决定自行给孩子加课。七点到九点之间不是还有两个小时吗，妈妈下班去书店买来一堆试题，要求露露完成作业以后再做一张。

露露没办法，只能照做。其实对于这件事，露露心里是很不情愿的，几天以后，露露心里就开始盘算："那我以后就慢慢磨蹭吧，到九点钟做完作业，你总不会九点以后让我接着做试题吧？"就这样，露露写作业的速度越来越慢，据老师反映，她上课时的注意力也越发不集中了，总是做着做着题，不知怎的就开了小差。事实上这一切，都源于露露妈当初的自行加负，孩子一开始只是借拖延对抗，慢慢就养成习惯，变成了毛病。

出于望子成龙的心理，父母们总想让孩子跑快一点。但孩子的天性还是爱玩的。如果家长能少给孩子施加压力，孩子心情好了，对未来会有自己的看法，家长如果按照自己的计划一意孤行，很可能就会起到反作用。

父母强加给孩子的事情，对孩子而言就像是没有退路才完成的任务，就算完成了，也没有自我满足感，因为这就像"在为别人打工"。并且，这会造成孩子产生自责心理和"反抗后的愉悦"的心理冲突，一方面拖延是自主行为，可以享受自主的快乐，另一方面被自己认同的"害怕被惩罚"的感觉转换为自责。长此以往，这种冲突会让孩子缺乏创造力，越来越不自信，同时对事物缺乏兴趣，对要做的事情轻易放弃，有些孩子还会产生厌学现象。

对这些孩子来说，拖沓就是他们对成人世界的反抗，是什么样的成人世界呢？可能是一直唠唠叨叨的妈妈，可能是追求完美的爸爸，可能是从爷爷奶奶到外公外婆都过高的期望值，还有不爱上班、不得不遵守时间表的、每天早晨就不快乐的父母。孩子的神经，犹如敏锐的雷达，这些孩子都能感觉得到。

孩子内心感觉到压力，就会用行为语言来表达，就有了拖沓。孩子的反抗有积极模式和消极模式。其中积极模式的表现是，孩子手头刚好有更有吸引力、更有研究兴趣的东西，比如画画、手工、阅读、观察……他们会转换到那些事物上去。家长不妨尊重孩子拖沓的理由，留出时间让他们实现自我。时间有了，孩子也就尊重生活的正常秩序和节奏了，拖沓也就很容易克服。消极的拖沓是大部分孩子拖沓的主要形态，是必须仔细分析的。

# 有些拖延是大人惯出来的

孩子的拖延习惯，还有很大一部分来自父母亲人的过度纵容和保护。

现在社会上大多都是独生子女家庭，父母对孩子的殷殷期盼可想而知，除了学校的课程要抓紧，课外更是安排得满满当当，家长几乎帮孩子包办了一切。这种行为的直接后果就是造成孩子自主性的缺失，孩子如果缺乏自主性，那么在要求他一个人完成一件事的时候，很有可能就是拖延。

父母亲人坚持不懈地纵容和保护会让孩子产生很大的依赖感，认为很多事情就是父母应该为自己做的，自己没有任何责任，于是孩子遇事就会想到父母，能拖就拖，不想去做，从而导致"拖延症"。

八岁的强强聪明活泼，说起话来头头是道，但他有个毛病，就是不管做错了什么事，只要被家长指出来，就会为自己百般辩解，有时还会把责任推到别人身上。

比如他把玩具扔得到处都是，妈妈让他收拾起来，他就会说："等一下我还玩呢！"可是一段时间过去了，妈妈发现强强并没有玩也没有收拾，于是再次提醒他，他又找借口："我累了，要歇一会儿。"

那天，同学小爽来家里玩。小爽走后，妈妈让强强收拾玩具，强强却说："小爽玩的，凭什么要我收拾？"

看到强强这个样子，妈妈又像往常一样叹了一口气，无奈地摇了摇头。妈妈心里清楚，强强道理都懂，但就是不愿意自己做。对于这个虽然聪明但不好说服的宝贝儿子，她实在有些无可奈何。

强强妈妈在读过一本育儿书籍以后得到了启发，她想到儿子从小是跟着爷爷奶奶长大的，直到上小学才回到自己身边。在之前的几年时间里，爷爷奶奶事无巨细都替孩子操办，让强强失去了锻炼的机会，所以才养成了这个毛病。

认识到问题的所在以后，妈妈及时采取补救措施，利用生活中的小事培养孩子的责任心。渐渐地，强强的情况有所好转，到后来终于不再拖延了。

父母太惯孩子，其实是在害孩子。对于孩子的拖延症，爸爸妈妈一定不能掉以轻心，不要以为是一点小事就姑息，或者顺手帮孩子做好了，这样做只会使孩子越来越消极被动，越来越没有责任心，做什么事都需要爸妈和老师的督促和监督。不难想象，这样的孩子长大以后办事能力一定很差，而且总是要别人催促才不紧不慢地做事，别人批评两句，他还会认为人家是故意找茬儿。这样的人，无论是工作和生活中，谁会喜欢呢？

的确，小孩子不可能像成人那样什么事都面面俱到。但作为家长，你可以在一点一滴，在平时的生活中有意地锻炼孩子。你不给他自己做事，自己独立，自己担当，自己负责的机会，他又怎能成长呢？即使他个子年年在长高，即使他的主意越来越多，但对父母的依赖，自理能力的欠缺是不可能慢慢自动弥补上来的！

爸爸妈妈要给孩子自己成长的机会，给孩子锻炼的机会，如果你不忍心，不舍得锻炼孩子这方面的能力，但孩子长大以后必有欠缺，父母也必为之所累。

# 隔代娇惯会造成孩子拖延

有一幅漫画：孩子做了坏事，爸爸拿着鞋底子追着，要教训孩子；爷爷亦拿着鞋底子紧跟其后，要教训孩子的爸爸。漫画刻画得入木三分，叫人看后拍案叫绝。

有个孩子爸爸，孩子刚上幼儿园，死活不愿意去，每天早上真是能拖就拖啊，送他去上学真要费好大的力气。爷爷奶奶心疼孙子，就不让孩子去，说自己看孩子，比幼儿园还周到呢。孩子爸爸问父母："你能教他知识吗？你懂得拼音吗？"结果惹得俩老人非常不高兴。但最后，无论孩子怎么哭闹，不管他耍什么伎俩一拖再拖，爸妈还是坚持把孩子送到了幼儿园。而有些父母，因为孩子哭闹，爷爷奶奶反对，就没有送孩子上幼儿园，乃至学前班都没有上。结果，上了一年级之后，不会学习，不知道团结，没有跟小朋友的交往能力。到这时，爷爷奶奶和爸爸妈妈，都傻眼了。

在当今家庭，有不少儿童从小是被寄养在祖辈家中的，因此与祖父母、外祖父母关系密切，而与父母相对要疏远一些，甚至有些祖辈与孙子们，在某种程度上还成了互相间的精神寄托。这种祖辈对孙辈超乎对子辈的感情，俗称"隔代亲"。老人对孙辈的疼爱，大大超过父母对子女的疼爱，仅用血缘关系解释还不够，其中还有心理上的原因。孙辈犹如日之东升，祖辈恰如夕阳的余晖，他们之间有相同性，更有互补性。俗话说"老小孩"、"小大人"，就是说这隔代人相同之处；祖孙在一起，幼者受到爱抚，长者得到欢乐，他们之间互相补充了中间一代人由于工作、家务繁忙而留下的时间空间的空白及遗缺，这就是形成隔代亲的一个重要原因，由于年龄的关系，父子辈在生活观念等问题上更多具有自己的主张而易产生隔阂、矛盾，甚至冲突；而祖孙辈同样关系而互不设防，所以更易亲近，这无疑也是形成隔代亲的重要因素。

有人认为，"隔代亲"有三大优点：一是对孙辈的发育成长有利，很多"神童"就是得到了知识经验丰富的祖辈的超前引导才脱颖而出的；二是对子辈有利，子辈忙于工作，孩子由祖辈接去教养，得以解除后顾之忧，专心致志于事业；三是对祖辈有利，不仅可以解除孤寂，从孩子的成长中获得生命活力，还可为老有所为、发挥余热提供机会。这种与孙辈玩耍、游戏的天伦之乐对帮助老人保持健康和积极向上的心态大有裨益，"隔代亲"的优越性尽管不少，但也带来了很多不利儿童健康与成才的"隐患"。

其中对孩子影响最大的，就是教育观念的不统一，彼此间沟通配合较少，导致在教育孩子方面形成漏洞，其后果是孩子很容易钻管理和教育的空子。因此两代人育儿应该统一要求，不能各行其是。如果爸爸妈妈对孩子要求严格而爷爷奶奶放纵，孩子会当面一套背后一套地耍小聪明，无法形成规律的习惯。

事实上，只有全体家庭成员坚持一致的标准要求，日积月累通过潜移默化的影响，孩子的行为意识才能"定型"。那时孩子会认为他们做的是自然而然的事情，会主动地去做，慢慢形成了习惯。反之，如果爸爸妈妈和爷爷奶奶之间的教育存在分歧，一方面孩子会感到无所适从，一方面他们会觉得自己有所依仗，因而随性而为不肯按爸爸妈妈的要求做事，当爸爸妈妈的态度严厉时，他们又会感到被压制、强迫，更不愿意去做，自然很难形成积极主动的习惯。

# 爸妈的推诿会让孩子见样学样

除了大人娇惯这一点，孩子的拖延也可能与家庭习惯有关。有的父母本身就是慢性子，做事拖拖拉拉，作息不规律。直接就会影响孩子也形成拖延的习惯。

周末，瑶瑶爸在厨房里做饭，瑶瑶自己在书桌上画画，画完一张，瑶瑶很有成就感地冲着爸爸喊："爸爸，你快来看看啊！我这张画画得好不好？"

爸爸这时候正忙得热火朝天，哪有心思去看瑶瑶的画呢？顺口说了句："等一会儿！"吃完饭，爸爸让瑶瑶帮着妈妈收拾餐桌，早忘了曾经对孩子承诺的那句"等一会儿"。瑶瑶帮妈妈收拾完餐桌，发现爸爸已经在书房里打电话谈工作了。瑶瑶心里失落极了，她不知道爸爸这么久一次次拖延究竟是在做什么，只记住了爸爸拖了很长时间，还是没有做他承诺的事情！既然大人可以拖延，我也可以，这就是孩子正常的思维——于是瑶瑶看电视的时候，爸爸说该学习了，她头也不转地就回了一句："等一会儿！"

所说延迟满足也是教育孩子的一种方法，爸爸妈妈也应该让孩子学会等待，以培养他们的耐心，但一定要注意方式方法。应该清楚你的劳动以及生活状态，不能让他们误读你的行为。

瑶瑶的那句"等一会儿"让爸爸认识到了自己的错误。那天，瑶瑶又叫爸爸"鉴赏"她练的字，爸爸当时正在晾衣服，忙放下手中的活，认真地看了起来，并小小地夸奖了瑶瑶一番，顺便说："爸爸在晾衣服，你要不要跟爸爸一起？"瑶瑶刚刚得到爸爸的夸奖，高兴极了，积极地响应爸爸，参与家务劳动。

爸爸打电话的时候，瑶瑶来问问题，爸爸如实告诉瑶瑶："爸爸接电话呢，你要不要跟他说话？"

瑶瑶眨眨漂亮的大眼睛，好奇地问："爸爸，是谁的电话呀？"

爸爸说："就是之前来过咱们家的小赵叔叔啊。"起初几次，瑶瑶会兴奋地接过电话，礼貌地说："叔叔好"或者"阿姨好"，大家都是有家庭有孩子的人，可以互相体谅，一般对方只说一句："瑶瑶你好！"瑶瑶就美滋滋地跑开了，再也不打扰爸爸打电话。时间长了，瑶瑶对爸爸工作的状态、身边的同事比较熟悉了，只要见到爸爸在接电话就不会再纠缠，会安静地在一旁等待。

教育孩子也和大禹治水一样，疏胜于堵。杜绝孩子拖拉，首先就要从自己做起，少说一句："等会儿！"与孩子进行充分地沟通，取得孩子的理解与谅解，让他们在心理上接受你的事出有因，他们才不会有样学样。

# 父母立场不一致，孩子趁机钻空子

《红楼梦》"不肖种种大承笞挞"一回中，贾政为了教育宝玉，决定对其实施"笞挞"，听到消息的王夫人急忙赶来阻拦，威胁道："既要勒死他，快拿绳子来勒死我，再勒死他。"这样的情景即使在今天也不少见，中国的父母在教育方式上自古便存在分歧，常是一个要管，另一个则要护，而这种教养方式埋下的隐患也随之诞生。

有一个小男孩长得好看，又聪明伶俐，可就是不爱写作业。每次爸爸刚说孩子两句，妈妈就已经泪儿腮边挂，气得爸爸直摇头叹息。也是因为不能完成作业，老师将孩子的妈妈叫到了学校，刚刚在她面前批评孩子两句，这位妈妈又抽泣起来，这样几次之后，吓得老师再也不敢叫家长了。所以孩子的坏毛病越演越烈。现在，这个孩子在家里已经无法无天了。孩子的家庭作业是这样的，皱皱巴巴的本子上寥寥写了几道题，高兴就戳上几个字，不高兴的地方就空着，然后在每篇作业的下端，是他妈妈潇洒地检查作业之后的签名，老师对此也无可奈何。一个原本聪明可爱的孩子，就这样成为让人头疼的问题生。

人从小就具有自我保护的本能，懂得"趋利避害"。当孩子犯了错，父母中一方责罚他们时，孩子会本能地寻找庇护。此时如果另一方站出来跟爱人"唱对台戏"，恰恰中了孩子的下怀。久而久之，孩子就会形成惯性思维——总会有人来帮我，即便我做错了。父母对待孩子的立场分歧，容易让他们变得遇事就依赖别人，喜欢逃避，甚至养成回避性人格。

事实上，不少父母都在这个节骨眼儿上犯了错误。譬如，妈妈在教育或责备时，爸爸站出来替孩子说话；或者是在爸爸责备孩子时，妈妈站出来替儿子鸣不平。这样的例子在生活中还有很多很多。譬如：

孩子吃了晚饭坐在电视机前不肯起身，妈妈便催促孩子去做功课："不要再看电视了，该去做功课了。做完了好睡觉。"孩子不起身："我看完再去！"妈妈坚持说："看完这个节目，就很晚了，还能做什么功课！快去，听话！"儿子正在犹豫，这时，爸爸却在一旁调和："让他看完算了！"儿子当然也就不起身了。结果功课也就不要做了。

这都是生活中常见的例子，夫妻虽然没有争吵，但是给孩子的不良影响却是一样的。这使爸爸（或妈妈）在孩子的心目中没有了威信，孩子有了依仗，可以不听爸爸（或妈妈）的话，助长了孩子的任性和拖延。而且，这样会使得孩子无所适从，更重要的是助长了孩子不听话的表现。因为既然爸爸认为妈妈责备的不对，或者反过来，妈妈认为爸爸的责备是不对的，那么孩子当然可以不必听了，因而孩子的错误和拖延习惯也就得不到纠正，而且会对父母的意见和责备都置若罔闻。

所以在教育孩子时，爸爸一定要与妈妈达成一致，任何一方在教育孩子时，另一方都不应该出面袒护，即使爸爸或妈妈责备的不对，也不要当着孩子的面纠正，甚至是争吵。这样既会损害对方在孩子心目中的威信，使对方日后无法再对孩子进行教育，也会伤害母子或父子感情。

那么在具体问题上出现不同的看法，爸爸妈妈应该怎样处理呢？正确的方法应该是在一方责备孩子之后，在孩子不在面前的时候，另一方再提出自己的看法，与对方讨论，以取得一致的看法，避免日后重蹈覆辙。

在适当的情况下，做父母的也可以一个唱红脸一个唱白脸，在批评过后，其中一个假装出面为孩子求情，给孩子一个台阶，既让孩子知道父母的严厉，也让他知道父母对他的宽容，这样，孩子才不会在犯了错误之后，因为父母一方的偏袒而对自己的缺点死不悔改。

# 杜绝拖延症，家长要做好榜样

孩子所有的行为问题，不管是好的还是坏的，都反映着我们父母的行为方式。儿童自出生时，如果我们把他看成是一张白纸，那么，最早在白纸上面绘制画的是我们父母。白纸上逐渐增多起来的图案，就是儿童逐渐表现出来的行为现象。如果图案很清晰、明朗，让人喜爱，那说明绘画人的艺术水平高；如果图案看起来晦暗、紊乱，让人心烦，那还是说明绘画人的水平低。因此，孩子种种行为问题（白纸上的图案），是我们成人制造

（绘制）出来的，而成人中最主要的就是孩子的父母。所以说，要想让孩子从小养成高效的习惯，杜绝拖延，家长首先就要做好榜样。

不可否认，现代社会的生存压力很大，很多家长由于工作繁忙，对家里的家务事能拖就拖，这样的家庭环境造就的孩子也多半是"拖延症"患者。只有家长做好榜样，将家庭环境打理得井井有条，才有利于孩子养成做事有条理的好习惯。

还有一些父母，自己做起事情来经常拖拖拉拉、不讲效率，本来可以很快做完的事情要拖很长的时间，本来应当提前做完的事情也要拖到最后一刻。家长这种做事慢吞吞的行为会潜移默化地影响着孩子，时间长了，孩子也会养成办事拖沓、磨磨蹭蹭的不良习惯。

在家里，父母就是孩子的镜子，有什么样的父母，就有什么样的孩子。中国古话中有"虎父无犬子"的说法，也有"上梁不正下梁歪"的说法，这些都证明了父母对孩子的影响是不可忽略的。所以，父母应该给孩子做好高效的榜样，比如答应带孩子几点出去玩，到点了，就一定要去，不能因为看一个电视节目或者是没完没了的家务而拖延或者是放弃，如果做不到，就要诚恳地向孩子道歉请求孩子的原谅，并采取相应的补救措施；同时，如果孩子答应了几点去睡觉，几点去洗澡，也要准时去做，如果做不到，也要像父母一样道歉或者受到惩罚，这样用父母的约束来督促孩子养成准时的习惯，效果也许会更好。

再说起床拖沓，虽然生活中不是每个早晨都有阳光，但父母要在家庭中创造明媚的早晨，家里爱的氛围永远不变。父母要首先克服惰性，尽量比孩子早起，安排好早餐事项，以耐心愉快的心态等待孩子起床。明快的音乐，一个清晨的唤醒仪式，都可以发挥作用。

作业拖沓，可能和国内教育环境下，孩子作业负担过重相关，量大，孩子专注力不能持久，久之则厌倦，就以拖沓来反抗。爸爸妈妈们可以做的是帮助孩子分解任务，以每半小时为一组，中途休息。分数组完成，应该是不错的做法。

除了做好榜样，爸爸妈妈还可以试着让孩子体验高效带来的好处，当孩子有所进步，爸爸妈妈应不失时机地给予表扬。爸爸妈妈可以画一个大的时间表，每天做什么花了多长时间，形象记录一下，哪怕提高一分钟，都要表扬孩子。一直坚持下去，就可以帮助孩子养成自律的习惯。

总之，教育孩子未必一定要有多么高深的理论，多么深奥的知识，只要父母自身带头了，示范了，坚持了，陪伴了，这就是最好的教育方式。

还记得小时候我们脑子里经常闪现的一句话吗？——"为什么大人可以，我不可以？"所以，当我们抱怨孩子拖延的时候，也许可以先停下来问一下，我自己做到了吗？

家长唠叨、催促100句，不如亲身做好示范。其实教育并不像我们心中所想的那么复杂，真理往往非常简单。但恰恰愈简单的道理往往愈容易被我们给忽略罢了。我们身边许多优秀孩子的父母并非像我们想象的那么学识渊博，学富五车。然而孩子为什么那么优秀呢？难道是天生的？

因为这些父母身上存在着许多"好"的因素深深地影响着孩子，在这样的家庭环境中的孩子便会耳濡目染，一一复制。正是因为这些"元素"在孩子学习的"土壤"里生根、发芽、开花、结果。

这些"好"的元素其实你也能够做到。

# 不要给孩子乱贴拖延症的标签

有个妈妈在同学群里说自己六岁的儿子做事特别拖沓。正好群里有个男同学是做教研的，他就问："你教育孩子的时候是不是还像上学时那么急躁啊？"她说："是的，我和爱人的性子都比较急，看不得孩子慢吞吞的样子。"那位男同学告诉她："你忽略了一点，别人家的孩子，他的父母可能没有你们这样的急性子。孩子从小到大在你身边长大，你从孩子开始记事起，就对孩子强调说，你这也慢，你那也慢，这种暗示就使孩子按您说的方向发展了。"

我们都知道孩子生理和心理的发展有个过程。在他小的时候，做很多事情，在家长看来的确是慢吞吞笨手笨脚的，如果家长缺乏耐性的话，看孩子穿件衣服要花半个小时，扣个扣子要花十分钟，就耐不住了，往往呢，不是不停催促就是取而代之，结果就是，孩子不是因为在家长的催逼下产生对抗心理，就是因为缺乏生活当中必要的动手锻炼的机会，而越显笨拙。这时家长又会指责孩子说："你怎么这么慢啊？一天到晚磨磨蹭蹭的，好像做什么事都比别人慢半拍。"这样就进入了一个恶性循环，孩子会更为缺乏实践的经验，还有缺少必要的信心，在做事情时的心态、动作和节奏远远跟不上同龄孩子的发展。因为这时他认为他就这么笨，他就这么慢。

开始说的那位妈妈是时候该反省一下自己了——还有比给六岁的孩子贴上"拖延症"的标签，更能导致孩子拖延的吗？孩子认知、思维能力有限，会以父母对自己的评价来评价自己。你认为他有拖延症，他不拖延，对得起你吗？拖延是结果，是表现，我们应该要冷静地分析原因，而不是忙着盖棺定论，乱贴标签。

希望家长们能够认识到一点，孩子因为能力有限的"慢"不是拖延，家长需要放慢自己的脚步，配合孩子的节奏。孩子做功课、做家务、生活细节上会比成人效率低、速度慢，但很多时候并不是因为拖拉，家长不能一味以成人标准来规范孩子的行动，他毕竟是孩子，能力所限需要家长耐心地放低要求，多鼓励而非催促。

# Part 03

## 他不喜欢，才会拖着不做

　　孩子拖延，父母应该反思。很多父母不了解孩子，对孩子的兴趣点不关注，因而常常让孩子做一些他不感兴趣的事情。时间一长，为了应付父母，孩子就养成做事拖拉的坏习惯。有些父母比较专制，教育方式简单粗暴，孩子唯一能做的就是推迟父母要求他做的事。

# 父母越专制，孩子反抗越强烈

曲玮玮的女儿两岁了，她长得像妈妈一样漂亮。和所有母亲一样，自从女儿呱呱落地以来，曲玮玮在她身上寄托了无数美好的愿望。女儿一天天长大，她会笑了、会看了、会坐了、会翻了、会爬了、会走了、开始咿呀学语了……女儿的每一点每一滴进步都让曲玮玮充满了幸福感。

作为一名幼儿教师，曲玮玮深知宠溺给孩子带来的危害，她爸爸总说孩子还小，什么事都由着孩子。没办法，这个"黑脸"的角色只能由曲玮玮来充当，这使得她对女儿的要求更加严格。但是，有一件事却让曲玮玮改变了严格教育的态度。

那天晚上九点多了，累了一天的曲玮玮真想早些入睡，可女儿的玩性还是很大。曲玮玮哄着她："格格，乖，我们睡觉好不好。"孩子摇摇头，示意要玩玩具。曲玮玮不由分说地将她的衣裤脱掉，塞进被窝，熄了灯，孩子哭闹着钻出了被窝。

曲玮玮心软了：还是再让她玩一会儿吧。于是过了半个小时，曲玮玮再次让女儿睡觉，这次她似乎动了真格，哭闹着示意曲玮玮把裤子穿好。在曲玮玮的责骂声中孩子哭声越来越响，曲玮玮恼火了，在她的小屁股上"啪、啪"打了两下。

孩子哭得更委屈了，一只小手指着门外，示意要去外婆那里。曲玮玮把她按倒在床上，心里犯嘀咕：好大的脾气呀！孩子一骨碌爬起来，一只小手敲打着曲玮玮的身体，一边哭一边嘴里念念有词。

孩子的这一举动让曲玮玮深有所思：虽然孩子还小，还不太会说话，但她有自己的思想，也是一个个体。父母不能一再要求孩子完成自己的所愿而去压迫她干自己不愿的事，我们应学会平等对待孩子。

然而我们遗憾地看到，一些父母在生活中总是简单粗暴地对待孩子，他们想让孩子做什么，孩子就得毫无二话地照着去做，如若不从，就是一顿责骂。结果，孩子表面上对父母唯命是从，但心里却对父母感到怨恨、恐惧、不满，因为本身不喜欢做这件事，所以便以拖延来对抗。其实，父母应该明白，孩子有自己的想法是一件很正常的事，应该认真考虑孩子的感受。如果孩子真的有问题，父母可以以朋友谈天的方式与孩子交换一下看法，让孩子心甘情愿地接受你的意见。

简单粗暴也是不文明的表现。谁都不会喜欢专制的领导或同伴。子女对专制的父母同样也是反感的，尽管表面上可能表现得"百依百顺"。用简单粗暴的方式去解决问题往往把好事弄成坏事，成事不足，败事有余。事后不少父母也后悔莫及，但由于未下大决心克服这种毛病，后悔归后悔，再遇事又旧病复发，弄得孩子见父母如同老鼠见猫，何谈沟通交流，更何谈父母子女之爱？对孩子，无论是在什么情况下，用粗暴、教训式的语言、态度只会伤害孩子的自尊心，引起孩子更激烈的反抗。

因此，我们建议家长平等对待孩子，不要对孩子专制粗暴，应该多站在孩子的角度想问题。要知道孩子的思维方式和成人的思维方式是不同的，家长应该抱着平等的态度，丢掉成年人的认识框架，以孩子的眼光来理解他们的世界，并给予引导，那么亲子关系一定会和谐得多，孩子也不会因为抗逆而故意拖延了。

# 强加的愿望，破坏孩子的自由意志

每个人做事都是一个基本的立场，就是基于"我认为这是好的"、"应该的"、"对的"，就觉得应该这样做，所以父母在要求孩子的时候，难免会强加了一些自己的意志上去，如果是理性的父母，这个分寸能把握得当，对孩子的影响还可以补救，怕就怕一些不理性的父母，一味要求孩子以自己的意志为转移，而忽略了孩子的天性中值得尊重的这个部分。

有个母亲，常常控制不住自己的情绪，看到孩子稍稍犯错，心里就会抑制不住怒火，而每次情绪爆发之后，又会感觉到特别的内疚。她把自己的苦恼发到了网上的一个妈妈圈里，有位妈妈问她："你陪孩子的时候，如果她正在做一件事，你去感受过她的状态吗？她是开心快乐，还是不愿、难过？"她说："我没有，我一直想着接下来我该让她做什么？比如说，接她放学的路上，我就想着快点带她回家，让她抓紧学习，如果她多在路上玩耍一会儿，我就感觉特别抓狂。"圈里的妈妈给了她一个建议：让她在接孩子回来的路上，试着和孩子一起去体会那个吸引孩子的"美妙时刻"。几天后，她又在那个妈妈圈里发信息，说自己现在很开心，原来和孩子一起看花花草草，追逐小鸟蝴蝶的感受是那么美妙，而自己之前竟然一直没有体会到。这种体验让她整个人都放松下来了，她开始从这种愉快的体验中看到了与女儿互动的信心。

为什么举这个例子？如果家长一意孤行，只认为回家学习是正事，而孩子看花看草、追蝶撵鸟是贪玩不上进，就会把这一种意志强加给孩子，时间长了，孩子可能真正认同了父母，结果就是对身边随处可见的快乐失去了感知，认为它们不值得拥有，这是很遗憾的事情。当然也有另一种可能，就是对父母的吩咐拖拖拉拉，拖拖拉拉有可能是孩子内心发出的一种非语言信息，是在向大人宣告："我不愿意"、"我不喜欢"、"我没有被尊重"。于是他们不是不等父母把话说完，转头就走，就是你说你的，我继续做我的，照样拖拖拉拉，再不然就乱发脾气，或者闷不吭声。

在孩子的一言一行中，经常有我们需要解读的密码。可惜，许多父母总以成年人的角度去看待孩子的问题，并不探究孩子内心真实的情绪。孩子的心理和情绪状态，受限于经验和知识的多寡，并不能用言语表达清楚，他们主要是依靠行为语言表达。常表现出拖拖拉拉的孩子，其实内心是无助的，情绪是不愉快的，暗藏在这种行为背后的无声话语是："我斗不过你，我就要这样做，让你不舒服，我才舒服！"

换句话说，拖拖拉拉的行为，其实隐藏着孩子对父母总是强迫自己的不满与报复；隐藏着孩子受到压制奋起反抗的敌意，而敌意之所以产生则来自父母在与孩子的情感互动中鲜少甚至从没有承认、接受、了解孩子的情绪，只是坚持己见，一味地要求孩子按照自己的想法做。

要想改掉孩子拖延的毛病，首先就不要对孩子有太多的关注和要求。以吃饭为例，做家长的在孩子的饮食上总是习惯加入太多自己的喜好，一再告诉孩子"应该吃什么"、"应该多吃什么"、"应该快点吃"之类。这毫无疑问，必然会影响孩子的选择判断能力，制约他们味觉和嗅觉的神经感受，而不能品味食物的美味，慢慢地，孩子就会以厌食来对抗父母的强制。父母最好的做法应该是：征求孩子的意见，向他们提供合理的用餐内容，用餐时间，向孩子表现出愉快而津津有味地享用食物的榜样即可。

总之，孩子的很多拖拉行为，主要是因为父母完全左右甚至取代了孩子自己的思考和判断，没有从小开始培养他们对自己负责的能力，这就要求我们让他们学会自己做选择。我们可以给他们提供很多选项，在理性放宽的范畴内，决定怎么做（或什么时候做）由他们自己做决定。如果父母对孩子做任何事情都指指点点，一味命令要求，甚至使用处罚手段，孩子则可能把"拖延做事"作为手中的武器用来惩罚、对抗、利用父母。

事实上，对于孩子的行为，哪些是可接受的，哪些是不可接受的，他们需要一个明确的判断标准。当他们知道允许的行为界限时，他们会觉得安全，并会养成行为上的自律性。

# 孩子感兴趣，才有主动性

爸爸妈妈们不妨先回忆一下，你上次为什么毫无必要地去推迟某件你知道自己需要去做的事情？当时，你的脑海里可能有"我不喜欢它"、"我不想去做"、"我明天再做"等想法。产生这种抗拒的原因是，你此时此刻不愿去体验消极情绪。

相关研究表明，被拖延的往往是那些被定义为枯燥无味、令人沮丧或困难的任务。它们会唤起恐惧、焦虑和烦躁的情绪。减轻这种情绪的办法很简单：拖延——让未来的自己来做吧！孩子，也有这种心理。他们会因为抵触自己不感兴趣的事情而拖延，比如有些学生因为不喜欢某个老师所以对他布置的作业消极怠工，作为反抗的一种形式。归根结底，拖延与情绪有关，倘若孩子不喜欢、不感兴趣，那么你就是说再多的大道理，他也还是我行我素，什么圣贤道理都起不了任何作用。这个时候父母不妨转换一下思维，尝试让事情愉快友好并且有趣地进行。事实证明，只要爸妈有足够的耐心，有趣的育儿可以替代厌烦的育儿，只是需要一点小技巧。

（1）和孩子一起玩"比赛"小游戏

举个例子说明一下：

大多数孩子对于大人刷牙很好奇，当大人刚买回小牙刷小牙膏时，他们会兴致勃勃地刷个不停，但没多久，孩子总是以各种借口拖延甚至不刷。马丽的孩子也是如此，她眼珠一转，计上心头。

"儿子，我今晚刷牙一定比你快！谁赢了维尼熊就会跟谁睡！哎呀我今晚能抱着熊熊睡了……""不行！维尼熊跟我睡。我一定能赢你的！"前一秒还不肯放下手中玩具的孩子，咚咚咚地就跑进了洗手间，唯恐比妈妈落后了一点点。

然后母子俩抢着装水、赶着挤牙膏、忙着刷牙，她还故意总是落后孩子，当孩子先刷完时那种自豪感就像一只胜利的小公鸡，还兴奋地告诉她如何如何才能又快又干净。

在运用比赛法时，爸爸妈妈们可以参考以下三种方式：

①让孩子自己与自己比赛。家长可以针对孩子的某一个磨蹭毛病，帮孩子设计一张自己与自己"比赛"的成绩表，首先记录下孩子做这件事的最初时间，然后每天记录实际完成这件事的时间，过几天总结一次，促使孩子不断地提高自己。

②让孩子与别的孩子比赛。家长可以与孩子一起制订一个和他的同学比谁早到学校的计划，并监督孩子此计划的实施情况；也可以让孩子邀请同学到家里做作业，并进行一个比赛，看看谁做得又快又好，谁能得第一。

③就像我们上面所说的那样，家长与孩子比赛。除了刷牙以外，还可以比一比看谁吃饭吃得快，比一比看谁衣服穿得快，等等。总之，生活中许多你希望孩子干得快的事情都可以作为游戏的项目。

（2）让卡通人物和孩子"对话"

孩子们都喜欢看卡通片，对于卡通片里的一些人物更喜欢的不得了。我们完全可以巧妙地把卡通人物搬出来，借助它们的影响力达到教育孩子的目的。

苏苏最近玩玩具玩得很疯，到了睡觉时间也迟迟不肯睡，真是让妈妈头疼的不得了。那天，苏苏又不想睡觉，妈妈突然灵机一动，说："儿子，刚刚熊二跟我说了，它说早睡的孩子才能长得跟它一样高、一样强壮，它还说认识你，它要我告诉你，你是个非常守时的孩子，一到时间会自己上床睡觉！"苏苏瞪大了眼睛，"真的吗？""真的，你是个早睡早起的乖孩子！"苏苏丢下手里的玩具，然后爬上床自己盖上了被子，即使闭着眼睛，脸上仍旧带着笑容。

（3）用有趣的故事诱导孩子

孩子不喜欢做的事，你强迫他做，不仅无效反而有害。拿起床来说，很多孩子喜欢赖床，你非叫他起来，他就会大哭大闹，甚至起来后又倒下呼呼大睡。

微微就是这样一个孩子，有一天早上微微妈突然心血来潮，自己扮起了村长，把微微当成美羊羊。

"哎呀哎呀，美羊羊今天怎么还没去幼儿园呢？美羊羊还在床上呼呼大睡呢。不好不好，灰太狼看见美羊羊没去上学，自己假扮成美羊羊去幼儿园了。"微微妈看了一眼孩子，她虽然还闭着眼睛在装睡，但明显已经屏住呼吸在听。

"美羊羊最喜欢吃的冰激凌被灰太狼吃了，你看，它一口又一口地把冰激凌全吞到肚子里面了。"冰激凌是微微最喜欢的食物。

"它还要代替美羊羊溜滑梯、玩游戏……不好了，老师和其他小朋友都把它当成美羊羊了。怎么办呀，真正的美羊羊要去揭穿它吗？"

微微终于按捺不住一骨碌爬了起来，"不行，美羊羊一定要去揭穿它！"微微非常有正义感，这样的故事正戳中她的要害。

（4）找个"坏人"刺激一下孩子

孩子的是非观很简单，他们通常只能分辨"好"与"坏"，一般来说，和他们有利益冲突的，都会被他们称作"坏人"。家长可以利用孩子的这种心理，找一个"坏人"，刺激他们一下。

蒙蒙一到吃饭的时候就拖拖拉拉。爷爷奶奶唯恐他吃不饱长不大，每次吃饭都是威迫利诱，甚至满屋子追着喂饭。前几天，爷爷奶奶外出探亲去了，蒙蒙妈就开始实施自己的计划。一天晚饭时，蒙蒙像往常一样在看动画片，完全不理会妈妈叫他吃饭。

蒙蒙妈将一只玩具机器狗摆上了饭桌，"机器狗要吃掉蒙蒙所有的东西了，再不来就没有了哦。"

蒙蒙瞟了一眼，露出一副"这种伎俩骗不了我"的表情，然后不以为然地继续看电视。因为平时爷爷奶奶威迫利诱得实在太多了，以至于他习以为常不再相信了。

蒙蒙爸妈再也没叫他吃饭，而是悄悄地吃完并把剩饭剩菜倒掉了。

"哇！今天机器狗吃得好多呀，全部吃完了，真不错！"蒙蒙回过头来，看到饭桌上只有一只机器狗，哪里还有饭菜的踪影。

"我的饭呢？"蒙蒙不敢相信自己的眼睛。

"机器狗全给吃光了，你想吃的话，明天吧！"蒙蒙懊恼得说不出话。

晚上，妈妈和爸爸拿出小蛋糕和水果，不等叫，蒙蒙就自己跑过来吃了，那样子像是生怕机器狗再给抢光了似的。


孩子感兴趣，才有主动性，爸爸妈妈如果能成功引发出孩子的兴趣，那么教育必然事半功倍。对于年幼的孩子而言，往往越夸张越能引起他们的兴趣。但需要提醒的是，孩子们其实很聪明，同一方法用了几次以后，他们就会熟悉你的招式，这时候爸爸妈妈就要开动脑筋创造新方法了。值得高兴的是，当孩子们养成了某些良好的习惯后，他们就会一直延续下去。但无论怎么样，也无论什么时候，爸爸妈妈最重要的还是要保持着一份耐心，只有耐心才能让育儿生活变得有趣并充满快乐。

# 把握好青春期孩子的叛逆心理

　　孩子听话，百依百顺，对于做父母的来说，自然是一件令人欣慰的事情。可是，处于青春期的孩子，由于生理和心理的原因，他们急于在万事万物中寻找独立的方式，所以常常会表现出一副和父母格格不入的姿态。父母说好的，他偏要说差，父母说差的，他偏要说好。

　　于是，"对抗"就这样发生了！孩子与家长各执一词，完全不去考虑对方的想法，只想改变别人，不愿改变自己。久而久之，父母便觉得，这孩子太不听话了，简直没法交流。作为孩子呢？他们也想不通："我的父母，为什么这么不理解我呢？"

　　在家庭生活中，作为父母，你也许不知道，进入青春期的孩子正处在成人感迅速增强，但心理却并不成熟的阶段，渴望得到成人的尊重，但他们对成人尤其是父母缺少基本的信任，总觉得父母"跟自己过不去"，也因此形成强烈的逆反心理，心灵的大门朝着同龄人开放，却对成人紧闭。这时候的孩子特别需要心灵关怀，需要理解和尊重，需要知心朋友。

　　如果在这个时候，做父母的不理解孩子所处的生理周期，一味要求孩子言听计从，百依百顺，便会产生强大的逆差。一方面，觉得辛辛苦苦地把孩子养到这么大，原指望孩子能按照自己的计划茁壮成长，谁知，孩子一大，所有的计划都只能付诸东流。另一方面，自己由于工作、生活压力很大，面对孩子常常心急气躁。这时的自己同样需要关怀，需要理解和谅解，需要知心朋友。

所以，处于不同年龄阶段的两个"特殊"时期的两代人，有着共同的要求：理解、尊重和沟通！如果双方都改变一下自己，情况就不一样了。做父母的，别希望孩子百依百顺；做孩子的，也要理解父母的良苦用心。

许多父母经常抱怨说，"我家的孩子，你要他读书，他就要上网；你要他干点家务活，他就要去外面打球；你如果多说了他几句，他就说，你这人怎么这样烦啊！"

许多孩子则经常和他们的同龄人说，"我妈太烦了，我想放松一下心情，在网上浏览一下新闻，我妈看见了，非说我不好好学习，总是强行将我的电脑关了；我想去外面和朋友打打球，可我妈非得要让我把家里收拾好了才能走"。

你看，同样的两件事，站在两个不同的角度，反映出来的心态却迥然各异。如果只听一家之言，他们所说的，都有他们的道理。但是，当你仔细地综合了双方的话语后，我们便会发现，这里面缺乏的就是沟通与理解。

随着社会生活的变迁和进步，不少家长提高了对孩子的期望值，更加重视子女的教育问题，在工作之余拿出更多的时间和精力关注教育事业，这都是很可喜的现象，是一种进步。但是教育思想的滞后又使得家长们面对孩子们的反叛与不屑感到束手无策或力不从心，而且越是那些执着地力图改变孩子的家长挫折感、失败感越强。所以，与其跟孩子过不去，还不如好好地和孩子进行平等的交流，千万不要试图用自己的理念，用自己的想法去改变对方。尽管孩子们有许多超前的行为让大人们看不惯、想不通、接受不了，但它们毕竟是一种带有鲜明时代色彩的潮流，堵不住、压不服，唯有疏导才是上上之策。

孩子为什么要叛逆？因为孩子渴望被成人的世界认同，渴望通过叛逆的行为来向世界昭示自己已经长大了，再也不是父母眼里的小孩子了，再也不是可以随便被操纵的"棋子"了。

随着年龄的增长，孩子的身心发生着巨大的变化。叛逆就像一颗等待萌生的种子，在孩子的身体深处蠢蠢欲动。这时候的家长一定要结合自己的成长经历，去支持、肯定、相信孩子，用"人性本善"的态度面对自己的孩子。

一般人都承认孩子的叛逆是人生必经的过程，就好像毛毛虫不经过破茧而出，就无法变成美丽的蝴蝶。然而，对待自己孩子的叛逆，家长们大多不能像对待毛毛虫那样宽容：能够同情他的挣扎，期待他的成长。反而觉得万分苦恼，深怕这种叛逆，不只是打破成人惯有的权威，更能打破成人世界既有的秩序，于是就有了"面对叛逆的孩子怎么办"的问题。

其实，所有的叛逆都来自对束缚和限制的反抗。孩子所面对的，除了他本身就有的生理与心理的束缚外，还有周围成人所刻意营建的各种限制。在从前，他无法意识这种束缚与限制，就是意识到了也无力反抗。随着年龄的增长，他渐渐能够清晰地看待这个世界，一个新的自我在迷蒙中跃跃欲试。然而，成人的限制是那么的严密和牢不可摧，而成长的力量还不足以挣脱自身生理、心理和知识的束缚，这时候的孩子正承受着蜕变之苦，体会着前所未有的迷茫，所以就会产生种种叛逆的举动，目的只是想以此来显示自我的存在。

在家长指控孩子叛逆的同时，家长也正好暴露了这叛逆的根源——过度呵护所演变的压制。正是这种看似善意的温柔的束缚，让正在成长中的孩子无所适从。所以家长在指责孩子不听话的同时也应该反省一下自己，是不是束缚了孩子的身心，是不是没有给孩子足够的空间和足够的理解。

要知道，叛逆并不是什么不可原谅的错误，也不是什么无法解决的难题。家长要做的是帮助孩子，而不是让他们远离父母，远离家庭。所以，在这特殊的时期家长要做的就是观察孩子，了解孩子的真实想法。然后站在孩子的角度去帮助他们。

面对叛逆的孩子，家长该如何疏导呢？可以从以下几点开始：

（1）给孩子充分的活动自由

孩子的独立自主性是在独立活动中产生和发展的，要培养独立自主的孩子，就应该为他提供独立思考和独立解决问题的机会。

（2）父母要把握住关键期

两岁左右的孩子，独立意识逐渐增强，什么事都要坚持自己做，拒绝别人的帮助。这是孩子心理发展的第一个"执拗期"。家长正好可以因势利导，把握孩子这个时期的心理特点，在保证孩子安全的前提下，放手让孩子去做力所能及的事情，并适时地提供给他适当的帮助、指导和赞美。

（3）允许孩子"辩解"

当孩子为自己所做的事与家长争辩时，家长千万不能斥责孩子"顶嘴"，要给孩子充分的辩解机会；当孩子与他人争执时，家长也不需要立即去调解纠纷，可以在旁聆听和观察，看他说话是否合理，是否有条理。

# 减少威严感，增加亲切感

孩子听你的话，如果是因为你人高马大，那么就是你教育的失败；如果您放弃权力，放弃您的优越感，那么您得到孩子的信任和尊敬的机会就更大。这才是真正有效的教育。父母要学会放下架子，蹲下去和孩子交谈，这样孩子就会快乐，身心就会健康。做父母是一项很重要的工作，因此必须善于学习。这主要包括：父母要尊重孩子，对孩子要讲文明礼貌，还要勇于承认自己的错误。如果这样，你就是孩子的好朋友，孩子就会尊重你，服从你。

其实，孩子和父母的隔阂往往是成人自己造成的。你把自己凌驾于孩子之上，不管对错全要孩子接受，孩子怎么会服气呢？他会这样想，为什么我做错事要挨打，妈妈做错了事却没人罚？就凭你比我大吗？父母们这样做，压根儿就没有考虑过孩子的感受，从心理上分析，这是父母在显示自己作为父母的权利，标榜自己作为父母的身份、年龄与体力，而弱小的孩子当然抗争不过。结果，孩子就只能用沉默、拖延或是叛逆来反抗。这种亲子间不平等的交往会导致亲子关系急速恶化，甚至会到不可收拾的地步。

有一个中学生在日记里写道："在家里，我没有幸福的感觉，最近常常会有离家出走的想法。"

他的母亲说："儿子小时候很乖，不管大人如何打骂，从来不顶嘴。"

他的邻居说："这母子俩现在根本不说话，难得说几句话也会很快就吵起来，接着便听到母亲声嘶力竭斥骂儿子的声音。"

他本人说："我中考没考好，因为这个，我和妈妈之间发生了前所未有的激烈争吵，从那以后，即使她不断地催促、责骂，我也不好好学习了；我喜欢打篮球、踢足球，可是，妈妈从来不让我出去玩，整天就知道让我学习、学习。她根本就不尊重我的自由，我真的不想再看到她了，还是外面好，至少没人整天管着我。"

这母子俩矛盾爆发的根本原因就在于，做母亲的压根儿没有站在儿子的角度上考虑问题。她尚不觉得儿子是一个独立的个体，不觉得他应该有自己的思想、自己的判断力，不觉得他需要发展自己的兴趣和愿望，她一味地以自己的尺度来限制孩子，这样非但管不好孩子，反而会让孩子滋生对立情绪，而孩子的拖延，经常是在这种情况下产生的，对他来说，那就只是一种反抗。所以，在教育孩子的过程中，家长必须放下架子，成为孩子的玩伴和忠实的朋友。要知道，教育的本身意味着伴随和支持。

给家长们提几条建议：

（1）让孩子天天快乐

让孩子天天快乐是父母的一种感情投资。一个人轻松愉快地做事情，就会"乐而不倦"，有使不完的力气。父母能够让孩子"兴高采烈"去活动，孩子就会顺利，每天都高高兴兴地成长。

要达到这个目的，父母应该做到：

①为孩子树立模仿的榜样，时时处处都以乐观向上的情绪去感染孩子。

②父母之间要建立和谐、默契的关系，以便对孩子产生潜移默化的影响。"孩子的脸是父母之间关系的晴雨表"，说的就是这个道理。

③父母要对孩子进行情感投资。美国精神病专家坎贝尔指出，如果要使孩子的心理健康，父母就应该进行"感情投资"。深情地注视孩子，和孩子进行温馨的身体接触，一心一意地关心孩子，这些都是简单易行的方法。

④父母对孩子要宽严适度。父母既不能为了赢得孩子的开心和笑容，就对孩子的缺点、错误放任自流，听之任之，连不合理的要求也违心地满足；也不能时时处处苛求孩子，把孩子与同伴进行横向比较，甚至拿孩子的短处去比同伴的长处。父母要注意进行纵向比较，一旦发现孩子的闪光处和点滴进步，就要及时加以鼓励。

（2）做可亲可敬的父母

父母在家庭内部实行民主平等，孩子就会心理健康。调查表明，民主协商型父母与独断专制型父母相比，前者培养出来的孩子更通情达理，受同伴欢迎，能与人友好相处，乐于助人。

为了构建良好的亲子关系，对父母的要求是：

①父母要尊重孩子，认识到孩子也是一个独立的个体，也有自己的情感和需要。父母要放下架子，"蹲"下身来与孩子讲话，尽量减少"威严感"，增加"亲切感"，让孩子感觉到父母和自己是平等的。

②父母对待孩子要讲文明礼貌，不打骂孩子。一旦孩子有了成绩，做了好事，父母都要表示祝贺，绝不吝啬。

③父母要勇于承认自己的错误。当父母意识到自己对孩子可能讲错了话、做错了事，要勇于向孩子承认错误并及时道歉。这不但不会降低自己在孩子心目中的威信，反而会使孩子感到父母更加可亲可敬。

# 停止过分催促，尊重孩子的内心节奏

"起床！起床！快起来！快去洗脸！快去刷牙……"一首名叫《妈妈之歌》的歌曲以及原创者的故事一时间被大量转载。创作并演唱这首歌的，是美国喜剧女演员安妮塔·兰弗洛。48岁的她是三个孩子的母亲，一次灵光乍现，她将自己催促儿女的话写成了歌曲。整首歌只听到一位母亲的急切："快啊，快点啊，不然就来不及了！"网友们听后忍俊不禁：原来，普天下的妈妈都是一样的。

《妈妈之歌》描述了一个现实：很多孩子每日生活在被催促之中，快速、高效、忙碌成为最基本的生活状态。曾经，父母叮嘱孩子的口头禅是"慢慢走，小心跌跤"、"慢慢吃，小心噎着"，现在孩子听到最多的是"快点吃饭"、"快点做作业"、"快点弹琴"、"快点睡觉"，甚至"快点玩"。

父母为什么要不停催促孩子呢？因为觉得孩子太拖延，打乱了自己的节奏，殊不知，自己这样做却打乱了孩子的节奏。

"快！快！快！"这种急迫而不厌其烦的催促传递着焦虑、愤怒，在孩子看来甚至带有敌意，那么，孩子就会用"慢慢慢"来对抗，正因为如此，通常，父母的催促往往换来的结果是"越来越慢"。

当然，孩子也有可能被越催越快，但那只是慌里慌张地草草了事。然而我们要的结果并不是"简单地把事情糊弄完"，而是要让孩子养成"把该做的事情做好"、"自己的事情自己做"的习惯。过分地催促孩子反而会使他们养成做事毛躁的性格。

做父母的，要懂得尊重孩子的内心节奏，要根据实际情况来教导孩子。事实上，孩子的节奏不可能完全跟随上大人对效率的要求，孩子与大人的生活节奏、生理节奏以及生命节奏都是大不相同的，对孩子的情感而言，效率是种束缚是敌人，给孩子过高的效率要求，家长势必会付出很高的代价，它可能耗损孩子的才智、抑制兴趣，可能会造成情感的压抑和性格的极端任性，可能会影响身体的激素分泌，对身体和心理都有很大的损害。

有一位陈老师曾说，她在儿子八岁生日那天大受打击。为什么呢？因为她儿子想要的生日礼物竟然是"一个什么都不用干的周末"。她说："我第一次如此真切地感觉到孩子内心的痛苦，这种痛苦深深地震撼了我。"

经常被打乱节奏的孩子，还会有早熟、易烦躁、耐性差的特征，或截然相反，表现为反应迟缓、自我压抑、对某些事物过分依赖。

第一类孩子学会了取悦他人并优先满足他人的愿望。

第二类孩子却因无法达到父母的要求而感到自己是"坏孩子"，从而失去自信。

这两种情况都容易让孩子丧失自我。

然而父母们通常看不到这些，他们看到的只有竞争，以及未来越来越激烈的竞争，他们变得紧张敏感，对自己生活中的空洞与空虚充满恐慌，于是自然而然地充当起孩子的教练，甚至是魔鬼教练。

王薇是一位六岁男孩的妈妈，她不无感慨又带着几分沮丧地说："我承认，我的教育方法可能不是很恰当，孩子平时听到最多的一句话就是'你快一点'。但我又控制不了自己去这样做，我还是认为追求高效快速的规则是有必要的——一旦生活节奏慢下来，就很有可能被别的孩子超越。"顿了顿，她又说："尽管我也感觉到这种快节奏不是很合理，它的确影响了我们的正常生活，也与孩子的天性背道而驰。"

成功论导向的教育方式，别让孩子输在起跑线上，更高更快更好的标准，都促使了中国父母急切的心态。然而从孩子的长远发展来看，把竞争早早地引入其生活，破坏性大于建设性：家长给孩子施加压力，孩子身上的这种压力又全部反弹给家长，在这种恶性互动中，最后双方都会不堪重负。在竞争焦虑氛围中成长，并被迫进入竞争轨道的孩子，更容易出现无力感、自卑感和心理失衡。总之，始于童年的竞争很少有赢家。

当然，凡事要一分为二地看，我们不能一味指责家长的做法，毕竟社会现状就是如此，爸爸妈妈们承担着巨大的压力，而且要找到一个适合照顾孩子和指导孩子的方式的确越来越困难。但我们还是应该试着和孩子一起放慢节奏去生活。让孩子根据自己的节奏去吃饭、穿衣，从而让他了解自己是谁，会做些什么。让他用自己喜欢的方式玩耍，以促进他把事物形象化、概念化，从而区分想象与现实，言语与行动。

回头想想，我们成年人，经受了多少日常的训练，吃了多少亏，走了多少弯路，才多少知道了一点轻重缓急，才知道怎样做事有效率，我们又凭什么要求孩子小小年纪就和自己一样亦步亦趋呢？所以，停止那些不必要的催促和逼迫吧，教育是一个漫长的过程，"不积跬步，无以至千里；不积小流，无以成江海"，"十年树木，百年树人"，别让自己的焦虑毁了孩子的生活。

在这方面，我们应该像龙应台学习一下。台湾女作家龙应台对儿童的节奏格外尊重，并以她自己的智慧走出了女性在个人事业与母亲角色之间的冲突，感动和启迪了无数读者。她在《孩子，你慢慢来》一书中写道："我，坐在斜阳浅照的台阶上，望着这个眼睛清亮的小孩专心地做一件事。是的，我愿意等上一辈子的时间，让他从从容容地把这个蝴蝶结扎好，用他 5 岁的手指。孩子，慢慢来，慢慢来……"

# Part 04
## 总想把事做完美，孩子快不起来

　　完美主义的孩子往往有对自己期望甚高、要求甚严的父母，他们极少给予他肯定和认同，这直接造成孩子自我价值感的脆弱，使得他非常害怕失败。因为在面对不得不做又没有十足把握的事情时，就会一直拖延，到最后放弃或者草草了事，然后开始自责。这其实是完美主义孩子的一种自我保护。

# 可以追求完美，不能要求完美

做父母的都希望自己的孩子出类拔萃，各个方面都表现完美，除了身体健康，更希望孩子听说读写、琴棋书画、"十八般武艺"样样皆通。殊不知，完美只是父母的理想，它所映射的是自己对来自社会和生活压力以及对未来的恐惧与焦虑。而这种过高的期盼，对孩子来说并不是什么好事。

父母的完美情结主要有两种表现形式：其一表现在希望孩子的各个方面都很优秀；其二表现在希望孩子立刻达到自己心目中的标准，没有考虑到孩子的成长过程所需要的时间。其实这世界上根本不存在完美一说，包括孩子，在人的成长中，磕磕绊绊是不可避免的，也是促成成长的重要因素。父母的完美主义，只能说是一种理想化，并不现实。它除了代表着父母对孩子的美好期望，更多的是家长在养育孩子的过程中图省事、好面子、急于孩子成才的自我需要。说得不客气一点，这并不是真正地关心孩子的成长。

父母对孩子的要求长期过高过密过急，很可能导致孩子很在意周围对他的评价，怕被人嘲笑自己的任何表现，一旦遭受小小的挫败或过错，都可能接受不了，于是便有了拖延不做甚至是自我放弃。有可能因为时间紧张害怕迟到，而找各种借口拖延不去上学，比如对父母说自己生病了，久而久之，就会厌学。另一方面，父母对孩子的完美要求，会让孩子的注意力更多地放在考虑他人和社会行为准则上，而忽略自身当下的情感状态和需求，因此缺乏足够的自我认知和自我争取。有的孩子还会因此产生抑郁、自闭情绪。

　　以下，是一位大学生在网络上对自己完美主义妈妈的控诉，我们来看一下：

　　我妈总把我当成小孩子，什么事情都要关心，而且她有严重的完美主义倾向，我做什么她都要批评，都要告诉我怎么做才是最好，其实我觉得她什么都不懂。我得不到承认，长期得不到认同，导致我很缺乏自信。我总是延续从小一贯的作风，严格要求自己，但是发现尽管这样还是无法得到哪怕一丁点的肯定和真心的赞扬。我觉得自己什么都不是，我累了，疲倦了，我宁愿堕落，自甘堕落，我不想奋斗了，我累了。我放弃了自己的灵魂，跟撒旦做了交易，我开始叛逆、堕落、上网、通宵、夜不归宿、酗酒，他们叫我做什么，我就偏偏不做，哪怕他们一遍又一遍地催促，我只是置若罔闻。我开始喜欢上了标新立异，喜欢获得别人的关注。最终我发现我不是原来的我了。

　　我太希望有人能理解我，喜欢我，认同我了，但是我现在还是很孤独。我和父母在一起住，他们真的很不宽容，但是他们又很讲"道理"，很长一段时间里，我都觉得是我自己不好，我太差了。

　　我在家里做饭，烧菜，他们的评价"还可以，但是要是放点蒜末就好了"。这种话看似很好，先是肯定，再是提出更高的要求，但是如果一个家庭里所有的评价后面都要加个"但是"，你会不会觉得很压抑，所以后来，我索性不再做菜。

我在家洗衣服，我妈就在旁边看着，看我怎么洗，洗的没达到她的要求，她就要"指导我"，这个洗衣粉要放多少，要用热水化，要这个，要那个，要怎么怎么。烦死了。只要跟他们不一样的地方就是错。我真头痛啊。你们别那么关心我好不好？我不希望被你们关心，真的，别关心我。我害怕，我紧张，我不喜欢被一直不断地挑毛病，被一直不断地"指导"。我就是错了，也是我自己的错，难道我连犯错的权利都没有吗？

他们就是这样的父母，总是在提出更高的要求，从来都是这样，我很累，我真的很累，你们难道欣赏一下自己的儿子就这么难吗？我做菜给你们吃，好吃不好吃只是个技术问题，我的心意你们又体会到几分呢？干吗抓住那些个不重要的细节来打击我呢？我妈就这样评价我"听不得别人的不同意见"，问题如果从小到大全是不同意见呢？谁能承受得了呢？

我小时候成绩好，学得快，他们说我不够踏实，要是踏实了就更好了，于是我踏实了，"慢慢学"，他们又说我不够灵活，要是灵活点就更好了。更好，更好，更好，永远都是无休止的更好！现在好了，我废了，我大学勉强毕业，现在又是极度自卑，做什么事都生怕做错，有机会担担子，我也不敢去接，这下他们该满意了吧？我现在觉得我就是个废物，真的，脑子不好使了，成天丢三落四，注意力没办法集中，我很烦恼。只要我妈妈在我旁边，我就心口堵，她总会上来说我什么地方做得不够好，那行，我不干了！我现在有心理阴影，只要在家里，我就没办法专注地做事情，我总觉得有人在挑我的毛病，然后跳出来说得我哑口无言。这个是我的痛。

我想做我自己，我又觉得如果做了自己了，别人会把我当神经病，因为我总想发泄心中的憋屈，我现在很愤青，很不平衡。我有时候喝酒喝多了，很开心，觉得什么都无所谓，愤青就愤青吧，但有时候又觉得自己缺乏做自己的勇气，很在意别人的看法。害怕说了自己想说的话，做了自己想做的事，会被别人当怪物，当神经病。这个也许跟我父母对我缺乏认同和欣赏有关。

有时候我太害怕失败，因为在他们眼里，我就应该比别人强，我比别人强的地方他们也不会夸我好，也不会说我厉害，那我天天拼死拼活地做给谁看啊？他们说你本来就聪明，比别人强是应该的，难道别人都是傻子吗？哪有那么多的应该不应该？我现在什么都不愿意做，害怕做完以后有人挑毛病，这个心理阴影恐怕要跟随我一辈子了。

很心疼这个学生，他聪明伶俐，成绩优异，原本应该和同龄人一样意气风发，在社会上尽情闯荡，可却因为父母的苛求，变得心气全无，唯唯诺诺，这不得不说是"望子成龙"心态下演化出的一个悲剧。

从心理学角度来讲，人人都希望自己被欣赏，被认可，希望自己获得大家的肯定和瞩目。我们有很多家长在教育孩子的时候，往往求好心切，希望孩子的缺点越少越好，而忽略了孩子希望被认可的心理需求。家长的这种心情都能理解，但做法并不可取。

我们要明白：世上没有完美全能的人，只有多能和少能的人。只要探索的范围足够宽，每个人总能找到自己的不足。在家长的视线范围之内，学习、才艺、人际、道德品质，家长希望孩子都能做好，甚至要做到最好，这实际是不可能的。即使有的孩子暂时做到了，但家长随之又会有更高的要求，所以说，家长看到的孩子的缺点是基于完美主义的要求，这样的目标是不可能实现的。一个既外向活泼又内向沉稳的人，作为孩子来说基本是不存在的。能够内外兼修一般是成年人的事情，是到了大学生阶段后的人生修炼的结果，在青少年阶段还是本性的东西比较多，因为他们自我控制能力比较弱。

家长可以有要求和训练，不能总是埋怨。也就是说可以追求完美，不能要求完美，要求孩子完美是错误的。我们除了强调教育的作用之外，还要承认差异。如果认为孩子某些方面需要改进，从教育的角度，可以有适当的要求和适度的培养与训练，来帮助孩子发展，但家长不能因此着急，非要逼迫孩子如何如何。有时家长越着急，孩子做事越犯愣。

家长的完美主义情结对孩子的影响很大，父母可以把它做这样的改变：把渴望孩子成才的完美目标分成不同阶段的阶段性成长目标，每个阶段关注当下的重点目标，其他的目标暂时放一放，在以后不同的阶段再进行培养。这样，孩子不但有成长方向，还能够在过程中有适度的承受力和足够的成就感。这样，目标和过程同样很精彩！

# 期望降下来，效率才能升上去

望子成龙、望女成凤是中国父母的普遍心态。从孩子很小的时候起，他们就对孩子有一大串的期望，期望孩子从小学到大学一路"重点"，最后再出国深造，成为博士，期望孩子功课好、分数高、力争年年被评上"三好"学生；期望孩子有特长，能在数学竞赛中获奖、能在英语大赛中获奖、能在书法比赛中获奖、能在钢琴比赛中获奖、能在体育比赛中获奖……这些期望就像一副重担，狠狠地压在了孩子的肩膀上。

其实，父母期望孩子成才这一点是可以理解的，但期望也应该以现实为基础。教育孩子，应从孩子的实际出发，顾及孩子的爱好与特长。如果只根据家长的兴趣和愿望，那么孩子只会走向相反的道路。在高期望值的支配下，父母评判孩子好坏的标准往往会严重失衡。孩子教育的成败也多以考试分数或指定孩子所学的一门特长的成效来衡量。这实际上是家长自己背上的一个错误而沉重的包袱。因此，父母在教育孩子时，应注意给孩子"减负"而不是加压。不要以为孩子在很大压力下才会出人头地。教子成功的父母一般绝不给孩子太多的期望压力，因为让他放松身心、缓和情绪反而更好。

父母总是用成人的心态和眼光看待孩子的内心世界和能力，对孩子的能力发展、情绪状态、心智方面都有过高的估计。父母在这种自我沉迷的状态下不能清醒地认识问题，久而久之，使自己的行为成了一种惯性和教条。最终给孩子造成了巨大的精神压力，使孩子对受教育的感受越来越沉重，越来越没兴趣和信心，甚至还导致孩子心态失衡，走上极端。

有这样一个家庭：母亲是位教育工作者，连续七年被评为优秀教师，父亲是一个律师，自己开着一家律师事务所。这对夫妻有一个儿子正在读高中，而这个孩子却不像父母那样优秀，父母提起他来就是"我那不争气的儿子"。

夫妇俩想尽办法为他创造条件：让他上各种兴趣班、提高班，还买了许多辅导书给他看。可是孩子的学习成绩始终没有达到他们的要求。小学时，孩子的学习成绩在班级属中上水平，进入初中后，他逐渐变得不听话，常常和父母唱反调，对学习厌烦，学习成绩明显下降。读初三时，常常逃学。为此父母斥责过他无数次。结果一天清晨，夫妇俩发现儿子不辞而别，书桌上留了一封信……

亲爱的爸爸、妈妈：

　　我走了，我实在是不配当你们的儿子。你们那么优秀，而我是如此的平庸，学习上我实在无法达到你们的要求，让你们丢脸了。

　　其实我也曾想把书读好，可不知怎么就是提不起兴趣来。我感到压力太大，喘不过气来。的确，你们为我创造了良好的学习环境，给我买了许多中外名著、课外辅导书籍，还给我一间书房读书，可你们越这样我就越怕让你们失望。

　　我很感激你们，也知道你们对我的爱和期望。但同时你们也剥夺了我作为孩子玩耍的权利，使我失去了很多乐趣。你们不允许我外出和同学玩，说这是在浪费时间，还怕我学坏。我的业余时间除了读书还是读书。我几乎没什么知心朋友。你们工作又那么忙，很少与我交流，即使是找我谈话也永远是那个主题——好好读书，要求我达到很高的分数。

　　上周的测试成绩出来了，我又没考到80分，你们知道了，又要骂我了吧？我觉得这个家里已容不下一个不爱读书的人。我走了，请别找我。

儿子

　　后来，父母在火车站附近找到了孩子。但回到家里，儿子表示不想读书了，否则他还会离家出走。父母只好答应他的要求，让他休学在家。

"我的父母也是教师，家里的兄弟姐妹都是知识分子，我的侄女上了大学，外甥进了重点高中。可偏偏我的儿子不争气，给我丢尽了脸面。我当了这么多年老师，教的学生也可谓桃李满天下了，却教不好自己的儿子，这是什么原因呢？"这位母亲道出了心中的疑惑。

可以说，孩子的离家出走，完全是父母的高压政策所致。父母想通过给孩子加压，让他考出好成绩，以满足自己与同事、亲友攀比的心理，却不顾孩子的兴趣所在，一味地要求他参加各种学习班，剥夺了孩子交友和玩耍的权利，使孩子失去了和同龄人交往的机会，使孩子感到生活枯燥无味，孩子处在强大的压力下，不仅感觉孤独，而且发展到了对读书的厌倦。在此情况下，他只有选择出走，以逃避这令自己喘不过气的环境。

另一方面，父母对于孩子的期待过高，久而久之，形成习惯，孩子就会给自己非常大的压力，他们会从严格要求自己逐渐发展到苛求自己，很多孩子甚至会因为压力过大而崩溃。

一个15岁的初三女生，各科学习成绩都非常优秀，曾经是四川某县的数学奥林匹克竞赛第一名。她要求自己每天的所有时间都必须思考和学习，与人交谈的话题也都与学习有关，交朋友也要交对自己学习有帮助的人，就连走路、上厕所和洗澡的时间都不能浪费，不是背英语单词，就是背公式定理。父母以有这样的女儿而自豪，亲戚、朋友、老师对她都是交口称赞，叔叔、阿姨都以她为自己孩子学习的榜样。在中考就要临近的时候，那位初三女孩的母亲发现孩子的学习时间越来越长。女孩经常抱着脑袋，说不能想事情，一想就会有图像冒出来，怎么赶都赶不走。看过心理医生以后，医生告诉她的父母，孩子得了亚临床强迫症，主动学习的功能受到了损害，不能再参加中考了，必须休学。如不抓紧治疗，有可能造成终身丧失学习能力。

有个男生很聪明，父母从小对他的要求非常高，他对自己的学习要求也非常高。上课听讲，他要求自己听一遍必须把老师的每句话都记住。看书，他要求自己看一遍就必须过目不忘。自己回答不出来的问题他要求一定是别人不能回答的。但是在15岁以后，他每天所有的时间都在穷于应付自身的强迫症状，就像有两个行为对立的人整天在他的脑子里打架，搞得他不能学习，不能与人交往，不能接受任何新信息。男孩子整天情绪低落，几次曾试图自杀。

一些天资聪颖的孩子，在大人的过高期望下，过分抑制自己，对自己的行为总是求全责备，其人格和认知的发展是畸形的。他们过于理性，过早地成人化，生活中只以寻求别人的赞扬、以超过他人为唯一的快乐和目的。这事实上已经背离了孩子身心发展的内在规律，那么就可能给孩子带来过重的心理负担，影响孩子的发展。

毫无疑问，天下的父母都是爱孩子的，都希望自己的孩子健康快乐地成长，所以，父母要有平和的心态，适当降低对孩子的期望值，同时也帮助孩子降低自己对自己的期望值，给孩子减少压力，爸爸妈妈可根据实际情况和孩子一起制定合适的奋斗目标。应该学会倾听孩子的心声："因为我是菊花，所以请别让我在夏天开放；因为我是白杨，所以请别指望从我身上摘下松子。"

家长们千万不要再用那种"只要有毅力，只要意志坚强，人没有什么事情做不到"的理论作为教育导向。应该尊重人脑活动的客观规律，尊重孩子成长中必须经历的心理发展阶段。成长是一个终身的过程，过分地期待超出常人的优秀，好了还要更好，将会导致悲剧的发生。

# 引导孩子走出"完美主义"的桎梏

　　莎莎写作业非常慢，她一边写一边擦，别的小朋友用一个小时就能完成的作业，她需要两三个小时。这不是因为她不会做，也不是因为她写字慢，而是因为她写的字稍微让自己有一点点不满意，她就会全部擦掉重新写。所以时间花的就要比别人长很多。

　　壮壮也有类似的情况，自己写作业时要求特别干净，如果有一点点不满意，就会把整篇作业擦掉重新写。

　　追求完美的孩子对规则有着与生俱来的嗅觉，他们的是非观念特别强烈，有自己对于对错的判断标准，这是他们的强项。规则意识对个体的发展至关重要，它与人的个性是相互统一、相互促进的，会影响个性发展的方向和空间。在社会集体生活中，按规矩办事，就是对个体最有力的保护，它能使个体更好地适应社会，并且最大限度地发挥出自己的多种潜能。

追求完美的孩子还有一个比较明显的长处，那就是有一套明确的自我监督体系。在这套自我监督体系的监控下，他们总是努力实现自身对完美的要求，他们经常会感到有一种力量在推动自己变得更好。这种强大的力量不仅有利于自我发展，还有利于维持周围的秩序。

　　除此之外，对细节的关注也是追求完美的孩子的一个优势，注重细节是很多孩子甚至成年人所缺少的制胜关键之一，而追求完美的孩子的家长就不必担心这个问题了。

　　不过，凡事要一分为二地看，有的时候，追求完美的孩子由于太过强调规则、过分执着于对错，而在做事的时候显得有些呆板，对自己和他人过分苛刻。什么事情都要求尽善尽美，要求非常细致，对事情经常不满意，经常反复做一件事情。这是他们显得拖延和没有效率的根本原因。

　　过于追求完美的孩子，长大以后会为实现不切实际的高目标而竭尽全力，以至于给自己的身心健康带来危害。他们严格判断自己是否达到设定的标准并评价自己的总体价值，这样的孩子若是达不到设定的标准，则会陷入深深的痛苦之中。因此，他们像是背负着沉重的"包袱"，时常表现出沮丧、困惑。

　　过于追求完美的孩子也经常要求他人按自己的标准做事情。一旦发现自己或别人做得不对或是不够好，他们就会变成一个尖刻的批评家，会立即指出当中的不足之处。这种太过严苛的性格，不仅令自己显得过于刻板，还会影响人际关系的建立和交往。

　　那么，家长该如何判断孩子对于完美的追求是否在合理的范畴之内呢？有严重完美主义倾向的孩子基本都具有以下特征，爸爸妈妈们来参照一下，看看你的孩子是不是被完美主义所困扰了：

（1）拒绝参加某一活动，因为无法得到第一。

（2）因为考试成绩得了99分，而没有得到100分，郁郁寡欢，非常自责。

（3）害怕某件事不能做完美，把应该做的事情一推再推。

（4）因为家长或老师对自己的评价是"良好"而焦虑忧郁，内心里需要得到十足的肯定。

（5）坚决拒绝和与自己水平不相当的孩子共同完成小组任务。

（6）由于害怕不完美，做事时，过分纠缠在一件事上，不然就表现出完全放弃的极端态度。

（7）即使有些事情在老师和家长看来以他们的年纪而论已经很成功了，他们也完全不满意，严厉苛刻要求自己，导致深陷痛苦而不能自拔。

（8）为达成自己所愿而创造属于自己的世界，为此他们花费了很多时间，并且十分讨厌他们的世界中的秩序被破坏。

（9）一部分孩子有摄食障碍、神经性食欲不振或腹痛的症状，也有孩子患上酗酒、药物依赖，更有甚者，患上忧郁症。

造成孩子完美主义倾向的因素有很多，包括害怕失误的恐惧心理，为自己设定高标准，父母的期待和唠叨，讲究整洁和秩序等，在这些因素中，父母的态度影响最为重大。因此，父母进行自我检讨是很重要的。请认真想一下：自己对孩子的期待有多高，如何养育孩子，自己的人生有何成就。若父母有完美主义倾向抑或过分要求孩子，那么在纠正孩子的问题之前，父母应先正己身。

诚然，作为父母，要我们承认自己不好的一面，的确不是件容易事。但请明白，父母做这样的努力可以影响孩子，使孩子的一生变得更加丰富多彩。我们希望爸爸妈妈们能在做如下努力的同时，慢慢改善孩子的状态。

（1）爸爸妈妈不要太焦虑

如果爸爸妈妈时时刻刻都在盯着孩子，过分关注他的错误，就会给孩子造成一种心理压力，使他很紧张。所以他小心翼翼尽量让对方满意，就很容易形成完美主义性格。所以爸爸妈妈本身心理要放松，不要跟着小孩一起焦虑。只要孩子做得还可以，就不要把标准提高。通过增强孩子的自信，使孩子能对自己有信心。这样孩子就不容易出现强迫症。

（2）多鼓励孩子

父母应该通过鼓励让孩子对自己有一个正确的评价，因为这种类型的孩子不自信。多鼓励他，不要给孩子定过高目标，目的是使孩子能够自信起来。让小孩正视自己，"我可以做好这件事情"、"我完全能够胜任这种事情"。"其实你已经做得非常好了，不擦掉也是非常好的。"多用鼓励的语气与小孩说话。当然不只是写作业。

（3）引导孩子宣泄不良情绪

追求完美的孩子内心情绪很强烈，但很难表达出来。当产生质疑或不满等不良情绪时，他们会选择将这些情绪深深压抑在心里，表面上依然风平浪静。这些不良情绪很难被消化掉，当它们积累到一定程度时，或是突然如火山爆发，或是进入更深层次的自抑，以致某些严重的精神疾病的出现。因此，追求完美的孩子的家长要善于引导孩子及时宣泄他们的不良情绪，允许他们偶尔闹闹小脾气，以利于他们保持健康的心理环境。

（4）提升孩子的抗挫折能力

一旦面对挫折和困难就陷入强烈的自我批评责难是追求完美的孩子的通病，因此追求完美的孩子的家长要重点培养孩子的耐挫能力，教给他们正确面对困难的态度，告诉他们在每个人的生命中都会出现这样或那样的难题，在遇到困难时不必太过自责，只要能找到问题的根源，及时调整自己的做事方式，就能克服眼前的困难。

（5）适当淡化孩子的竞争意识

追求完美的孩子往往都具有非常强烈的竞争意识，他们绝不能容忍自己落在人后，但正所谓"人外有人，天外有天"，孩子不可能在所有竞争中都遥遥领先，更不可能强过所有人，倘若他们不能认识到这一点，那么一旦遇到挫折，就很容易造成心理上的崩溃。如果你的孩子竞争意识过于强烈，就应该试着帮他去淡化一些，爸爸妈妈可以与孩子一起参加"毫无竞争性质的活动"。与孩子一起散步、郊游、画画、写故事等，远离分胜负的棋牌游戏。

（6）多说能改变孩子内在认识的话语

"如果你所有的科目成绩都是'优'，我可能会更开心，但这并不是成为优秀人才所必需的。"或者说"能拿'优'更好，但其实你拿'良'我也同样开心。"诸如此类，指导孩子与自己进行肯定的对话。把"一定"、"不可以这样做"这样的话语，变成类似于"你很努力，这就够了"、"我永远为你骄傲"这样的话语。

总而言之，爸爸妈妈要让孩子明白，充满自信地坚持自我才是每个人必须拥有的素质。让孩子知道，其实大家做事都是为自己而做，自己满意就可以了，或者能让一些人满意就够了。没有必要太苛求自己，只要尽力，不管是否成功，自己能感到快乐、幸福就好。

# 帮孩子摆脱小纠结

　　小孩或许都有一个习惯，那就是会将自己的心思纠结在所有的事情上。不管是大事还是小事，也不管事情值不值得关注，他们都可能会因为这些事情而打乱心思。尤其是一些小事情，根本不应该让孩子"放在眼里"，免得让孩子长大后变得"婆妈"。

　　爸爸妈妈们经常会听到孩子说"妈妈（爸爸），作业本让我弄坏了，写不了作业了"，"妈妈（爸爸），今天小明在老师面前说我坏话了，我很不开心"，或者是"妈妈（爸爸），我的校服脏了，老师肯定会说我的"。这些事情或许在孩子的眼中都是值得关注的事情，孩子也会因为这些事情而消耗自己很大的精力，但是家长要懂得正确引导孩子，毕竟作业本坏了可以换一个新的，小明说儿子坏话老师也未必会相信，校服脏了也不会影响到学习。

　　孩子从小就应该知道什么事情是关键所在，这样在他长大之后，想要完成一件事情的时候，才会找准关键和最重要的原因，不会避重就轻，更不会因为小事情而耽误了大目标。而爸爸妈妈在孩子面临一些小事情而纠结的时候。要帮孩子分解这些小纠结，然后告诉孩子什么事情才是值得去关注的，什么事情是值得去纠结的，从而让孩子能够把握住重点，不至于在以后遇到同样的小事情的时候不知所措。

　　五岁的贝贝总是不能自己做决定，比如去超市买玩具或者零食，同一款的玩具或食品，他总是选来选去，妈妈跟他说都是一样的，随便拿一个就好，但是他还是要选来选去，不能决定拿哪一个好，往往最后都是妈妈帮他选择的。

　　木木每次写作业都非常慢，总是把写得不太好的字描得特别重，最近两个月，开始出现说话重复，当他想把一件事说明白的时候，同样的一句话，常常重复四五遍，而且做事总是不放心，比如收拾书包，他会闭起眼睛想他已经收拾的过程，以确认是否没有什么遗漏，关门时，他会反复推门，看是否关上，总之做什么事都觉得不放心，需要反复验证。他下课后会看好几次课桌，总担心东西落在那里。去姑姑家，明明知道自己只带了个背包和一个钱包，会打电话反复多次地问妈妈是不是只带来这两个包。

　　小雪已经上高中了，她有一个习惯，就是经常要洗手，每次中午睡觉前总是要洗好几次手，似乎有洁癖，而且洗澡的时间更长，弄得寝室里的同学都对她有意见。做题时，对于一道刚做完的题，她总担心会算错，总要重复算好几遍。

　　孩子因为年龄小，有时候认识不到什么事情是小事情，什么事情是重要的事情，所以这个时候家长们就要做出正确的引导。当孩子在小事情上纠结的时候，在当时应该转移孩子的注意力，让孩子意识到什么事情才是最重要的，久而久之，孩子才会分清事物发展的主次，不再在小事情上斤斤计较。

生活中，爸爸妈妈们要怎样帮助孩子摆脱小事的困扰，关注更为重要的事情呢？

（1）认真地给孩子分析什么原因才是阻碍他实现目标的关键

有些家长可能在听到孩子抱怨的同时，会跟着孩子一起抱怨。注意！千万不要这么做！这个时候，家长应该分析事情的原因和结果，从而帮助孩子找到值得去关注的步骤，让孩子忽略小事情的纠结和不快。只有这样，孩子才会在以后遇到同样的事情之后，学会自己去分析和克服小困难。

（2）意念训练

当孩子纠结于某些小事不罢休时，爸爸要帮助孩子用意念努力去对抗这种现象，使紧张恐惧的心情得以放松。并告诉孩子这种行为没有任何意义，以分散儿童的注意力。当然，要做到这点，是很不容易的，一定要有毅力。多数孩子经过反复训练以后，这种现象才会逐步消失。

（3）行为疗法

对于单纯用意念不能对抗的现象，可以采用"行为对抗疗法"加以矫正。行为对抗疗法基本上是一种操作性条件反射过程，它把刺激与纠结行为反复多次结合，形成一种新的条件反射，使之与原来的行为相对抗，以消除原有的错误行为。家长们可以参照这个做法：在孩子右手腕上套三根橡皮圈，一旦婆婆妈妈反复纠结，如反复计数、反复检查等时，立即拉弹腕上的橡皮圈，强行提醒自己。

（4）培养爱好

鼓励孩子多参加集体活动，多与外界接触，培养孩子多方面的兴趣爱好，如唱歌、跳舞、听音乐、打球、跑步等，以建立新的大脑兴奋灶，去抑制那些纠结行为的兴奋灶，转移注意力。

（5）父母要纠正不良性格

如果父母本身有性格偏异，如特别爱清洁、过分谨慎、过于刻板、优柔寡断、迟疑不决等，孩子必然会受到影响，所以要改变孩子的习惯，父母首先要从自身做起，这一点甚为重要。

# 帮助孩子摆脱"失败综合征"的伤害

失败，这对于孩子来说，简直是非常常见的事情。由于连续的失败导致对自身失去信心的现象，在心理学上被称为"失败综合征"。所谓"失败综合征"，即这种失败并不是由于自己缺乏能力，而是来源于心理上的原因，或者根本没有努力而遭受失败。

然而，面对孩子的失败，做父母的你，是怎么帮助他的呢? 打骂? 无休止地唠叨? 这样的方法，能够帮助孩子走出困境吗?

在具体分析这个问题前，还是让我们来看看，孩子为什么容易掉入低谷吧。

（1）孩子在学习的过程中反复失败，这种反复失败的经历可能使孩子感到自己永远也走不出失败这个圈子了大多数孩子一开始的时候，对自身的能力充满了自信，对自己定下很高的目标。但是，孩子一次又一次没有达到目标，他就可能体验到挫折，会感到对生活环境和学业都无能为力，无论他们如何努力，也无法改变自己的命运。久而久之，他们就会体验到无助感，并放弃努力。

（2）孩子对成功和失败的原因得出了错误结论，形成了认识上的偏差，也会导致"失败综合征"的形成

有"失败综合征"的孩子与其他孩子有一个明显的差别，那就是他们对自己的成功有一种"宿命"的观点，感到成功与失败不是自己能够决定和改变的，而是由外部的、自己无法控制的因素决定的。

（3）父母对孩子的不良评价也会导致他们的"失败综合症"

父母诸如这样的语言都会对孩子的内心产生极大的影响——"连这个都不会，你真笨。""我看你是无可救药了。""你这种成绩，真把我的脸都丢尽了。""你看隔壁家的朱力，你为什么就不能像她一样？"

毫无疑问，这些令人泄气的话对孩子的自信会产生多大的影响。往往孩子的思维是比较简单的、具体的，他们会很大程度地相信成人说的话。如果父母说他笨，孩子可能就会信以为真，认为自己不聪明。总之，父母的消极评价会大大打击孩子的自尊心，使孩子对自己丧失信心，使他们怀疑自己的价值。

让我们来看看下面这件事。

万丽是个聪明的女孩，小学时学习成绩优异，很受大人们喜欢。然而到了初中时，这一切却全变了。

原来，初中的课程不同于小学，一向风光的万丽，此时突然有些迷茫。

刚开学，一次小测验她就考砸了，这让她觉得很失面子，从此开始怀疑自己的能力。随后的学习中，她积极努力过，可还是收效甚微。

中学的课程，让万丽感到了极大的不适应。每次考完试，她都担心会出现以前的情况。可就是很怪，越是担心发生的事情越是发生了。经过几次考试后，她再不能如小学那样风光，"三好"学生不再有她，学习课代表没有她，单科竞赛得奖也没有她，她感到处处不如人，也从父母和老师的眼神中看到了失望。

一次次的挫败中，万丽丢掉了自信，对自己的能力产生了怀疑，学习热情也因此提不起来。好几次，妈妈找她谈话，问："丽丽，你最近这是怎么了？为什么学习效率这么低？"

万丽吞吞吐吐地说："妈妈，我这几次考试总是考砸，我是不是个废物啊？我觉得我怎么都提高不了。"

妈妈看着万丽，很想给予她帮助。可是，究竟该怎么帮她呢？妈妈打过她，骂过她，可事实证明，这些极端的做法，反而让万丽更加无助和落后。

像万丽这样的孩子，现实中还有很多。他们有一个共同的特点，那就是在一开始的时候，都会对自身的能力充满了自信，对自己定下很高的目标。但是，因为一次又一次没有达到目标，在学习的过程中经历反复失败，最终感到自己对生活环境和学业都无能为力。久而久之，他们就会在这种无助感中放弃努力，甘愿沦落下去。

更可怕的是，此时父母的批评，更成了孩子心理纠结的"助推器"。孩子的思维是简单的、具体的，他们会很大程度相信爸爸妈妈说的话。如果爸妈说他们笨，孩子可能就会信以为真，认为自己不聪明。自身怀疑加上父母训斥，就这样，原本朝气蓬勃的孩子，一点点丧失了快乐的心境，丧失了对学习的兴趣，"失败综合征"成了他们最大的梦魇。这样的孩子不要说学习效率，就是成绩能跟得上，能健康快乐地生活，也几乎成了奢望。

面对这样的孩子，心急如焚的你，还在等什么呢？只有鼓励，才能帮助他们渡过难关。

（1）不要讽刺和挖苦孩子

父母之所以讽刺孩子，很大程度上是因为孩子犯了错，家长由此产生了一种"恨铁不成钢"的心态。但对孩子来说，他可以接受父母的批评，但却不能接受父母的讽刺。因为，此时的他心里也不好受，父母的挖苦，更会让他痛苦不堪。

（2）鼓励孩子参加课外活动

对于纠结于学习成绩的孩子，父母不妨让他多参加课外活动。这么做，就是要让孩子多一条"成功之路"，同时也是父母"爱心"的体现。孩子会觉得，尽管自己学习成绩不好，但爸爸妈妈还支持他的课外兴趣，表明爸爸妈妈并没有对他全面丧失信心，也表明爸爸妈妈还是爱他的，因此他自然会更加努力，报答父母的鼓励。

（3）引导孩子收获成功体验

孩子之所以患上"失败综合征"，正是因为太渴望成功的滋味。因此，父母不妨帮助孩子找到一门他比较感兴趣的学科，集中精力学好这一门学科，以此为突破口，让孩子感受到成功的乐趣和相信自身的能力。

总之，只要父母能多鼓励、多引导，那么孩子就会迅速摆脱"失败综合征"，重拾信心，焕发出孩子该有的蓬勃朝气。

# Part 05
## 孩子心存恐惧，所以犹犹豫豫

　　有些父母并不注意对孩子加以鼓励，反而总是挑三拣四，要求苛刻，这使得孩子非常容易产生挫败感，而且这样的挫败感会比一般人更加强烈，造成巨大的压力阻碍他们的行动，直到期限过去或者草草敷衍将压力转移。他们习惯关注事物不好的一面，对失败充满恐惧，做任何事情之前总是思前想后，生怕出现一点点纰漏，从而迟迟无法行动。

# 孩子害怕犯错，所以唯唯诺诺

子女教育的一个误区是，父母怕孩子犯错误，更不允许和容忍孩子犯错误。这样，孩子从小就处在一个对错误的拒绝和恐惧中，一旦他们犯了错误，首先要面对的不是错误本身，而是不能容忍错误的父母，于是很难接受自己的错误，这也就造成了他们做事犹犹豫豫或者根本不敢主动做事情的状况。爸爸妈妈允许孩子犯错误，孩子才愿意迎接挑战，这时错误的经历已不是他们的包袱，而成为他们成长的财富。

乐乐曾是爸爸妈妈的骄傲，乐乐还在上幼儿园时，叔叔阿姨去他们家做客。一进门，就能看见他们家最醒目的地方贴着一张写得密密麻麻的纸。这个时候，乐乐爸妈总是不无得意地告诉对方，"这是我们给儿子列的88条不许犯的错误清单"。那上面包括：不许打破杯子，不许跳得太高……乐乐爸妈还说，为了保证儿子时时刻刻记住，每天临睡前，他们都会给儿子朗读三遍，然后让他反省今天是否有犯过以上的错误。

乐乐的确很听话，但未免有些唯唯诺诺。上了中学以后，却突然性情大变，成了让父母头疼的叛逆孩子，最后他妈妈不得不辞职在家管孩子。

对孩子而言，恐怕没有什么事情比拥有一个"完美"的童年更糟糕的了。法国教育家福禄贝尔曾说："推动摇篮的手就是推动地球的手。"作为家长，智商并不是第一位的，但智慧一定是最关键的。孩子犯错并不可怕，可怕的是父母对待孩子犯错的错误方式。不当的管教方式，非但不能让孩子认识到错误的本质、体验到犯错的后果，反而让孩子身心受到更大的伤害，甚至让孩子走向父母期望的另外一端。

平常我们大人都知道在工作上"虽然多做多错、少做少错、不做不错，但吃一堑长一智、不轻易放弃"的道理，但反过来却很难接受让我们的孩子"有错不放弃、有错有收获"。这不能不说是做家长的一大失误。孩子的探索欲和求知欲很强，往往一看到新鲜有趣的事物，就会本能地用有限的经验、自以为是的做法去探索，当孩子做错了，他们一般不会像大人那样轻易放弃，常常有种寻根问底、不达目的不罢休的拼劲，要么继续尝试、要么询问大人，所以说错误会导致另一串的学习，而这种学习是自发的、主动的、积极的。犯错误可能是孩子不专心、没耐心、能力不够引起的，大人应该耐心地予以支持和辅导，绝不要横加指责，使做错事的孩子有幼稚、自卑，甚至罪恶的感觉！犯错也可能是孩子想创造、想表现自己以引起大人注意、想与众不同、想省时间找捷径而引起的，这些不正是我们求之不得的学习动机吗？

允许孩子犯错误，保住了他可贵的学习动机和积极性，也保住了他的自尊，实际上是给他以继续求知探索的鼓励，让他放心地发挥他的创艺和潜能。而批评与指责却可能从此遏制他的探索欲望，或令他逆反地故意重复同样的错误。允许孩子犯错，他才会成长更多。

事实上，所有的成功者都有一个共同的特点，就是他们甘愿冒险，敢于和别人不同，哪怕在追求自己认为值得且正确的事情上遭受失败，也在所不惜。在努力使自己与众不同这一点上，你为自己的孩子树立了什么榜样呢？这不是道德问题，而是要让孩子自由地走出去，去学习，去寻找，去发现，让自己不同凡响。

允许孩子有失败的空间，不要苛求完美。完美主义只会给他们加上双重捆绑。一方面，他们为了保险而不敢冒险，这样他们就不会发现任何新鲜事物；而另一方面，他们又以一种严谨的、按部就班的形式力求完美。这两者都会造成孩子的拖延。

在一个人的生命中，树立目标以及看到结果都很重要，但是，如果达到目标和结果是以不能享受其过程为代价，那么我们就与生活失之交臂。我们应该对生命的过程充满热情，并学会把这种热情传递给我们的孩子，而不是对孩子极端地期望。

# 允许孩子有犯错误的空间

教育学家认为，容过的最高境界就是不怕孩子犯错误、允许孩子犯错误，因为不断犯错误，不断汲取经验教训，正是孩子成长的必经之路。

强强五岁了，是一个虎头虎脑的小家伙，力气大，活泼好动。妈妈常对别人夸奖强强说："我从来不娇惯孩子，强强自己穿衣服、吃饭，从来不用我们操心！"就像妈妈说的那样，强强确实是个好孩子，不但自己的事情自己做，还总想帮妈妈的忙。

有一天，妈妈出门买菜，把强强一个人留在家里看电视。强强看到电视中一个小朋友帮妈妈洗衣服的画面，于是决定自己也试试。他拧开水龙头把家里的几个桶、几只盆全都盛满了水，然后打开妈妈的衣柜，把妈妈的衣服一件件地取了出来……

妈妈终于回来了，强强满脸兴奋地站在妈妈面前，准备接受妈妈的表扬。

"我的天！你做了什么啊？"妈妈看到浸泡在水里的皮大衣、毛料套裙、羊毛衫，还有两双皮鞋，一时间气得脸色发紫！在妈妈怒气冲冲的斥责里，强强惊恐万状、不知所措，终于吓得"哇哇"大哭起来……

这位妈妈为儿子会动手做事而骄傲，但却不能宽容儿子因好心而犯下的错误，而她的责骂必然会给孩子参加家务劳动的主动性和积极性带来沉重打击。可以说，妈妈对孩子犯错的处理态度和方法是不妥当的，应当首先问清楚具体的情况和原因，孩子完全是由于缺乏经验，是好心做了错事。这就应当给予宽容、谅解，然后再具体指导孩子如何打扫卫生。这样既保护了孩子参加家务劳动的积极性，又使孩子学会了如何打扫卫生，就是一举两得，那有多好。

意大利著名女教育家玛丽亚·蒙台梭利所倡导的教育方法就是"容过"，即不要怕孩子犯错误，要允许孩子犯错误。在蒙台梭利看来，父母怎样对待孩子犯错误，及其怎样对待孩子改正错误的态度才是重要的。尤其是父母对待孩子犯错误和改正错误的方式、方法，将直接对孩子产生重大影响，决定孩子正确对待和处理错误的态度和行为。

那些被父母轻视的孩子变得害羞、沮丧和恐惧的例子，在我们身边举不胜举。"我做不好"，所以"我干脆不做"——这就是孩子在犯错误之后，不能及时得到正确引导、矫正的结果。要解决这样的问题，最好的方式就是允许孩子犯错误，让孩子在错误中得到经验和教训，并从中学习到改正错误的方法。

蒙台梭利说在传统的管教方式里，孩子的训练是受两条准则的引导：奖赏和惩罚。大部分父母认为，改正孩子的错误和批评孩子是他们的主要任务，于是当孩子有了过失之后，他们就先不分青红皂白地训斥孩子一顿。在训斥警告过孩子之后，有的父母会问一下孩子犯错的原因，有的甚至连问都不问，这是极不恰当的。蒙台梭利认为家长应宽容孩子的错误、和颜悦色面对孩子的错误，容许孩子逐渐改正过来。

当然，允许孩子犯错误，还有一个允许到什么程度的问题，这就要求父母对待孩子所犯的错误，设立一个合理的限制尺度。

我们给孩子的自由是限制之内的自由。比如给予孩子在家中自由活动的自由；给予孩子选择的自由，支配时间的自由；孩子自由选择学习或娱乐的自由；自己选择独处或与其他孩子交往的自由……我们所给予孩子的这些自由，应当是在限制之内的——孩子不可以干扰或伤害别人！这就是明确而坚定的合理限制。

允许孩子犯错误，也是为了让孩子从中学会处理错误的方式、方法，这对孩子的健康成长来说是至关重要的。

# 别让孩子自己看不起自己

生活中，很多孩子都存在着自卑心理，他们看不到自己的长处，总觉得自己不如别人。他们对自己各方面的评价都很低，有的孩子甚至在父母面前也会感到自卑。这种自卑心理会给孩子带来极其严重的影响。试想一个瞧不起自己的孩子，遇到什么事情都不敢做，怎么能获得成功呢？因此，想改变孩子懦弱、拖延的毛病，家长们首先就应该想办法帮孩子建立起自信心。

君君是个16岁的女孩子，刚刚升入重点高中，她性格内向，有很深的自卑心理。妈妈抱怨说："我不知道这孩子一天到晚在想什么？别人的孩子都那样自信活泼，可我的孩子却……"君君到底在想什么呢？请看她的一段内心独白："上了高中后，我心里常被一些说不清、道不明的莫名其妙的感觉袭扰，并且越来越严重。有时心里空荡荡的，没着没落；有时又乱哄哄的，不知应该做些什么。同学们都在争分夺秒地学习，准备升学，可我听课时安不下心，作业懒得完成。我这样一个无用的人，将来能做些什么？升学，我能考上吗？经商，我哪有这样的天赋？靠弹钢琴挣钱养活自己，可我又哪有那么大的能力呢？同学们整天都在忙忙碌碌、紧张地学习，空闲时间还三五成群、欢呼雀跃地参加文体活动及各种竞赛，可我无论做什么事都犹犹豫豫、忧心忡忡，拿不定主意，经常因为害怕失败而退避三舍。我终日六神无主，心灰意冷，学习成绩不断下降，听课、写作业成了一种负担，只能靠画画打发时间。生活是这样索然无味，我真心希望自己将来能有所作为，至少成为一个能自食其力的人，可我又总是缺乏把一件事坚持做到底的信心，因为我不相信自己有做好一件事的能力。在同龄人面前，我总感到自己比别人矮一截，有时甚至觉得别人看我的眼神都是鄙视和冷漠的。像我这样一个多余而毫无价值的人，生活在这个世上还有什么必要？

儿童心理学家告诉我们，孩子的自卑往往是由于自我评价过低导致的。一些自卑的孩子，往往认为自己处处不如人，这也不好，那也不行，比如这个故事中的君君，她就是把自己贬低得一无是处。而事实上，她既然能考进重点高中，起码她的学习成绩就应该不错；她会弹钢琴、会画画，说明她应该是个多才多艺的女孩子，但她却偏偏看不到这些，反而沉浸在自卑的情绪里。一个人认为自己是怎样的人比他真正是怎样一个人更重要。因为每个人都是按他认为自己是怎样的一个人而行动的。自卑者不能全面、客观地评价自己。他们往往拿自己的缺点和别人的优点相比，看不到自己的"长处"和"过人处"，却对自己的短处和缺陷妄加评判，形成消极的自我概念。这是一种认知悲剧。

那么怎样才能帮孩子建立自信呢？心理学家认为，要做到这一点，首先就得让孩子喜欢自己、悦纳自己。

（1）告诉孩子，不是只有你自卑

著名的精神分析家阿德勒曾说过，所有的人都有那么一点自卑，无论他是高官巨贾还是市井平民，概莫能外。也就是说自卑感是一种普遍存在的心理状态。其实适度的自卑可以使人认识到自己的不足之处，从而激发人奋发向上，拼搏进取。因此，自卑感及其对它的克服、超越，可以使人完善自我，是人走向成功的起点和桥梁。如果没有自卑感，也就没了进取心。其实人人都会产生自卑，只是程度不同而已。所以，要正确对待自卑，不要只看到自卑的危害，更不能因为自己自卑而自卑。

（2）引导孩子全面正确评价自己，走出认识上的误区

一些孩子在做自我评价时，往往只看到缺点，看不到优点，而且有时评价的也不够全面。比如，孩子常会这样说："我笨死了，学习成绩不好！""我不够聪明，总是反应慢！"其实评价应该是多角度的，不能只看学习成绩。孩子应从以下几个方面分析评价自己：①学习能力，如观察力、记忆力、思维力、创造力、想象力和实践能力；②特殊能力，如绘画、音乐、书法、写作、体育运动等；③学习态度方面，如兴趣、爱好、勤奋、竞争意识和独立性等；④人品和个性特征，如自我控制和自我调节以及道德品质、理想信念等。家长可以引导孩子自评和他评，让孩子列举出自己的优缺点，把它们写在一张卡片上；再请其他的同学在另一张纸上列出孩子的优缺点，两者比较，以得出比较客观的结论，并提醒孩子多注意自己的优点，增加自信心。这样孩子就会欣喜地发现，原来自己有那么多的优点，并不是一无是处的。

（3）教孩子一招自卑补偿法

家长应教育孩子在遇到挫折的时候，从多角度辩证地看问题，形成

"合理化认识"。如，当考试成绩差时，可以强调考试时临场发挥不好或考试环境不利等其他外在原因，以减轻自身的压力。同时要教孩子利用自卑补偿法和转移等心理防御机制以保持心理完整或平衡，认识到某一方面的缺陷和不足可以通过其他方面的完美和丰富进行补偿和纠正。通常可以使孩子从两个方面进行心理补偿，一是以勤补拙。如果某方面的不足，是由于自己努力不够而潜力没有充分发挥，那么就以最大的决心和毅力去使缺陷变为完美。二是扬长避短。如长相平平，就可以用优异的成绩来补偿；学习一般，可以通过训练，诸如书法、雕刻、绘画、音乐等获得他人所不及的特殊能力。"失之东隅，收之桑榆"，理智地对待缺陷，寻找合适的补偿目标，从中汲取前进的力量，就能把自卑转化为一种奋发图强的动力。

（4）让孩子多给自己一些积极的暗示

著名心理学家莫顿曾提出"预言自动实现"的原则，认为人们具有一种自动实现预言的倾向。他相信，在我们的心灵的眼睛面前，长期而稳定地放着一幅自我肖像，我们会与它越来越接近。所以，如果我们把自己想象成胜利者，将带来无法估量的成功。当感到信心不足时，孩子应该给自己进行积极的自我暗示，把"没什么可担心的，我也行"、"我一定能成功"之类的话写下来，或者大声说出来。

父母应帮助孩子重新认识自己，不要只盯着缺点不放，当孩子开始喜欢自己、接受自己时，他们也就成功地远离了自卑。

# 给孩子更多的关注和肯定

自卑，就是因为自己不能正确认识自己，看不起自己，不相信自己的力量，总有一种无力感，什么都要依赖别人，结果是什么事情都做不好。

其实，这些自卑的孩子也讨厌自己畏畏缩缩的样子，在内心深处，他们甚至比普通孩子更加渴望父母和老师的表扬和关注。因此，如果家长能够给孩子更多的肯定和关注，让孩子喜欢自己，那么孩子自然就不会再因为自卑而不敢做事了。

有一个孩子，从小就特别害羞，妈妈还曾取笑他："我的这个儿子简直比女孩还要害羞！"孩子渐渐长大了，他的害羞的心理好像更强烈了，看到陌生人不敢说话，路上遇见老师和同学都要躲着走，爸爸很生气，骂儿子没出息："连和人打招呼都不敢，以后能有什么用啊！"爸爸失望地说。孩子在日记中写道："现实中，我是一个没用的孩子，害羞、内向、胆怯，什么也不行！可是我多么渴望自己能像同学们那样啊！神采飞扬地演讲，大声地说笑，在运动会上拼搏，在同学的加油声中飞跑……我真讨厌现在的自己！"

教育学家告诉我们，孩子的自卑心理是可以调整的，自卑的孩子需要鼓励、需要肯定。如果父母、老师能够多给这些孩子一些关注，让他们悦纳自己，不再厌恶自己，那么这些孩子就会变得更快乐、更自信！

那么，父母、老师应该怎么做呢？

（1）给自卑的孩子更多的关注

自卑的孩子其实渴望别人的关怀和关注，特别是老师和家长的关注。所以，我们应适时地满足孩子的心理需求。

萧萧长相不出众，胆小畏缩，上课很少回答问题，喜欢一个人在教室里呆坐。在一次手工课上，老师让大家做纸飞机，萧萧一点也不会，老师过去教他，可他还是不会。全班小朋友一起喊："老师！让萧萧上台去做。"老师原本怕伤了他的自尊心，正打算制止他们，却见萧萧显示出从没有过的开心，和同学推挤嬉笑。老师顿时明白，萧萧的自卑也许正是因为从来没有像今天这样备受关注。

（2）多给自卑的孩子一点表扬

对自卑的孩子，父母或老师应适当降低对孩子的要求，不要太过苛求孩子。对他们正在做的好事或平时的点滴进步，都应及时予以表扬或肯定。

菲菲是个自卑的孩子，一次绘画课上，菲菲在画纸上画了一个会飞的小人。小朋友们看了哈哈大笑，都说菲菲笨！菲菲低着头，脸红红的。这时老师拿起菲菲的画，脸上露出满意的表情说："菲菲的想象力真丰富，她是画了一个外国的小朋友，飞来我们这个城市玩的，老师猜对了吗，菲菲？"菲菲深深地点了点头。下课后，菲菲跑到老师面前说："老师，谢谢你！"听到菲菲的这句话，老师很高兴，因为孩子的肯定是最珍贵的。

当然，需要强调的是，你应该让孩子觉得：你对他的表扬完全是诚恳的，而不是应付的、客套的，这样孩子才会真正相信自己是值得别人喜爱的。

（3）给自卑的孩子一个表现的机会

老师在上课的时候，应当尽量让他们回答容易回答的问题，组织集体活动或游戏时，也要分给他们角色，给予他们更多的表现机会。

小雪胆怯而害羞，常常一个人坐在角落里发呆，不敢与人交往。细心的老师发现自卑的小雪特别喜欢小动物且想象力丰富，还知道各种小动物的生活习性。在班级的一次故事会上，老师就安排小雪给同学们讲有关小动物的故事，全班的同学都听得入神，并情不自禁地鼓起掌来，有的同学喊着："小雪，太棒了！"小雪高兴地笑了，从此，她也不再只是角落里的小雪了，她变得喜欢交往，喜欢回答问题了，语言表达能力也有了很大的提高。

（4）多帮孩子肯定自己

自卑的孩子，心中的自我肯定往往也是脆弱的，因此极需要得到父母经常不断地强化。强化孩子自我肯定的方法很多，比如：可让孩子为自己记一本进步手册，并告诉孩子，所谓"进步"，并不一定非得是了不起的成就，任何小小进步，以及为这种进步所做出的任何小小努力，都有资格记载入册；你也可为孩子准备一些小小的奖品，如钢笔、玩具、CD等，每当孩子做出了一件令他自己感到自豪的事或一点成绩，你就以奖品鼓励他；你还可以教孩子不断地对自己做正面的暗示，比如，当孩子遇到困难踌躇畏缩时，你不妨让孩子自己鼓励自己："这没什么了不起的，你一定能行的！"

父母或老师的肯定就是医治孩子自卑心理的灵丹妙药，这种肯定会使他们对自己有个全新的认识，并慢慢地找到信心。

# 给孩子天才一样的感觉

父母对孩子的影响力是无与伦比的，如果父母告诉孩子"你是最棒的！"那么孩子就一定会相信自己能做得更好，随之变得更加自信、自强。因此即便你的孩子不那么优秀，作为家长，你不妨也给孩子一个善意的谎言，把你的孩子变成天才，让他们在各方面都取得异乎寻常的进步。

心理学家曾做过这样一个实验，他让一位爸爸将自己的孩子带到一个温度在摄氏20度左右的房间中，再让爸爸告诉孩子，房间的温度会慢慢降低到摄氏 12 度，这样孩子慢慢可能会觉得冷。说完这些话后，爸爸把孩子一个人留在那个房间。心理学家从摄像头中看到，孩子缩着脖子，后来把手也缩到衬衫袖子里去了，而且还打起了哆嗦，最后孩子拼命敲门。出来后孩子对爸爸抱怨说，那个房间实在太冷了！而事实上，那个房间的温度并没有降低过，始终是摄氏 20 度。这样的试验，又在其他孩子身上做了几遍，情况都是相同的。

我们看，爸爸的话对孩子起到了多么强烈的暗示作用，因为爸爸告诉孩子房间温度将会降低，孩子就接受了这种暗示，他们甚至会因此"冷"得打起哆嗦！这实在是太奇妙了，儿童心理学家因此建议说，如果家长能把这种效应用在教育孩子方面，那么一定会给孩子带来非常好的作用。

一位年轻的爸爸第一次参加家长会，他满怀期待，老师会怎样评价自己的孩子呢？轮到他了，幼儿园的老师说："你的儿子可能有多动症，在板凳上连三分钟都坐不住，你最好带他去医院看一看。"

回家的路上，儿子高兴地问爸爸，老师都说了些什么？他心里很不是滋味，因为全班 28 个小朋友，唯有他的儿子表现最差；唯有对他的儿子，老师的评价不那么好。然而，他还是告诉儿子："老师表扬你了，说宝宝原来在板凳上坐不了一分钟，现在能坐三分钟。其他家长都非常羡慕爸爸，因为全班只有宝宝进步了。"

那天晚上，孩子破天荒吃了两碗米饭，并且没让爸爸妈妈喂。

转眼儿子上小学了。家长会上，老师说："这次数学考试，全班 43 名同学，你儿子排第41名，而且他的反应奇慢，我们怀疑他智力上有些障碍，您最好能带他去医院查一查。"

回去的路上，他坐在街心的长椅上闷闷地抽着烟。然而，当他回到家里，却对坐在桌前的儿子说："老师对你充满信心。他说了，你并不是个笨孩子，只是有点马虎，要是能细心些，会超过你的同桌，这次你的同桌排在第23名。"

说这话时，他发现儿子黯淡的眼神一下子充满了光，沮丧的脸也一下子舒展开来。他甚至发现，儿子好像长大了许多。第二天上学，也没用爸爸妈妈叫他起床。

孩子上了初中，初三时，他又去参加儿子的家长会。他坐在儿子的座位上，等着老师点儿子的名字，因为每次家长会，儿子的名字在差生的行列中总是被点到。然而，这次却出乎他的意料——直到结束，他都没有听到。他有些不习惯，临别时特意去问老师，老师告诉他："按你儿子现在的成绩，考重点高中有点危险。"

他怀着惊喜的心情走出校门，此时他发现儿子在等他。路上他扶着儿子的肩膀，心里有一种说不出的骄傲，他告诉儿子："老师对你非常满意，他说了，只要你努力，就一定能考上重点高中。"

后来，儿子从重点高中毕业了。第一批大学录取通知书下达时，学校打电话让他儿子到学校去一趟。他有一种预感——儿子被北京大学录取了，因为在报考时，他对儿子说过，他相信他能考上这所大学。

儿子从学校回来，把一封印有北京大学招生办公室的特快专递交到他的手里，突然转身跑到自己的房间里大哭起来，边哭边说："爸爸，我知道我不是个聪明的孩子，可是，这个世界上只有你能欣赏我……"

这时，他悲喜交加，再也按捺不住十几年来凝聚在心中的泪水，任它打在手中的信封上……

没有一个孩子会在批评贬低声中健康成长。这位伟大的父亲一直在"骗"自己的孩子，然而他善意的谎言却给他的孩子带来了信心和勇气，年幼的孩子相信了爸爸的话，爸爸一直都在用语言、用行动暗示他："你是最棒的孩子！"

其实每一个孩子都可能成为天才。但一个孩子到底能不能成为天才，取决于家长能不能像对待天才一样爱他、欣赏他、教育他，能不能给他一个天才的感觉。比如说破世界纪录的运动员们，在开始比赛前，几乎都有一种预感，觉得自己的状态很好，能出好成绩，而且现场的热烈气氛对他们的情绪高涨也起了很重要的作用。通过这些激励和心理暗示，运动员的自信心得到增强，最大限度地发挥了自己的潜能。这种精神对物质的鼓励作用，是决定一个人成就大小的重要因素之一。对于父母来说，鼓励孩子并且为孩子未来的发展前景考虑，为他们提供最适当的教育方式，这才是教育的最佳体现。

前苏联教育家赞科夫说："漂亮的孩子人人喜爱，爱难看的孩子才是真正的爱。"同样，赏识和喜爱优秀的孩子是每位家长都能轻而易举做得到的，但是，我们目前所谓的好孩子毕竟只有很小一部分，更多的孩子则属于"普通孩子"甚至"顽劣的孩子"，对于那些没有达到父母预期效果的"坏孩子"、"拖延的孩子"，关爱才是真正的雪中送炭，他们更需要格外精心的关爱和呵护。对这样的孩子，家长必须更多地激励，让他们相信，自己确实是最出色的孩子。而一些教育学家也通过实验证明了，对于任何一个孩子，只要他所崇拜的人给他热情的肯定，就能得到希望的效果。也就是说，孩子的成长方向在很大程度上来自父母的期望，你期望孩子成为什么样的人，他就可能成为什么样的人。因此，在孩子表现得不那么尽如人意时，家长们就可以利用心理暗示鼓励孩子，用善意的谎言把孩子的心理调整到一个最活跃的状态，使孩子真的如自己期望的那样达到一个个目标。

# Part 06
## 孩子精力分散，难免顾此失彼

　　由于身心发展水平的限制，孩子不能将注意力长时间集中于一件事，而是常常不由自主地从一个事物转移到另一事物上。对于这个问题，很多父母在生活中不加注意，等到孩子上学后反映在学习上才开始着急。所以，对于孩子注意力的培养抓得越早越好，父母要运用正确的方法，更好地培养孩子的注意力。

# 没耐心的孩子爱拖延

在心理学中，耐心是指忍耐痛苦的能力，能安然承受不适、艰难与困苦而不抱怨；等待结果，冷静地处理问题而不急于求成。

缺乏耐心本质上是对困难、失败带来的挫折感的恐惧，这其实与拖延的性质和目的是一样的，特别是喜欢做那些不需要为结果负责的事情，这也是人调节情绪的一种方法；拖拉的人不但回避失败，甚至害怕成功，但他们实际上非常关心别人怎么看自己，更希望别人觉得他们之所以失败是因为不够努力而不是能力不足；拖拉的人常说有了时间压力会更有创造力和效率，其实这也不过是个借口。

可见，培养孩子的耐性和克服拖拉要双管齐下。耐心可以说正是孩子将来走向成功必须具备的品质之一。

一位即将告别推销生涯的著名推销大师，将在该城中最大的体育馆里，做告别职业生涯的演说。那天，会场座无虚席，人们在热切地，焦急地等待着他做精彩的演讲。当大幕徐徐拉开，讲台的正中央搭起了高大的铁架，铁架下面吊着一个巨大的铁球。

一位老者在人们热烈的掌声中走了出来，站在了铁架的一边。人们惊奇地望着他，不知道他要做什么。这时工作人员，抬着一柄大铁锤，放在了老者的面前。这时，台上的主持人对下面的观众讲："请两位身体强壮的人到台上来。"一转眼间已有两名动作快的人跑到台上。

老人请他们用这个大铁锤，去敲打那个吊着的铁球，直到把它荡起来。一个年轻人拉开架势，抡起大锤，全力向那吊着的铁球砸去，一声震耳的响声过后，那吊球动也没动。他就用大铁锤接二连三地砸向吊球，很快他就气喘吁吁了，但铁球依然一动不动地吊在那里。另一个人也不甘示弱，接过大铁锤把吊球打得叮当响，可是铁球依然纹丝不动。

台下逐渐没了呐喊声，观众好像认定那是没用的，就等着老人做出什么解释。

然而，老人并没有说话，只是笑了笑，然后从口袋里掏出一个小锤，认真地面对着那个巨大的铁球"咚"地敲了一下，接着停顿一下，再一次用小锤"咚"地敲了一下，又停顿一下，就这样持续地做。

十分钟过去了，20分钟过去了，会场早已开始骚动，人们用各种声音和动作发泄着他们的不满，有的人干脆叫骂起来。但老人就好像没听见一样，仍然用小锤不停地敲着。有的人开始愤然离去，会场上出现了大片空缺。留下来的人们好像也喊累了，会场渐渐地安静下来。

大概在老人进行到40分钟的时候，坐在前面的一个妇女突然尖叫一声："球动了！"

会场刹那间鸦雀无声，人们聚精会神地看着那个铁球。那球确实以很小的幅度动了起来，但不仔细看很难察觉。老人仍旧一小锤一小锤地敲着，吊球在老人一锤一锤地敲打中越荡越高，它拉动着那个铁架子"哐、哐"

作响，它的巨大威力强烈地震撼着在场的每一个人。终于，场上爆发出一阵阵热烈的掌声。

老人开口讲话了，他只说了一句：在成功的道路上，你没有耐心去等待成功的到来，那么，你只好用一生的耐心去面对失败。

很多时候，人们之所以把事情弄得一团糟，并不是因为事情本身有多复杂，而是因为人缺乏耐心，越着急越乱套，最后甚至彻底放弃。很显然，家长一定不希望类似的事情出现在孩子将来的生活中。虽然孩子现在每天最关注的事情还是玩耍，但是在这个过程中家长也要引导他们意识到耐心的重要性。

关于耐心这件事，家长们应该意识到，父母是孩子眼中的镜子。如果父母失去耐心，发脾气，那么等于是用行动告诉孩子，这种失控的行为是可以接受的，显然起不到应有的管教效果。所以家长必须努力严格要求自己，在任何时候都不要表现得没有耐心，以此来给孩子一个好的影响。

总的来说，孩子做事没有耐心的行为一旦出现，家长要耐心地疏导，切不可时而抓紧，时而放松教育，凭大人的情绪决定教育态度。家长给孩子提出的要求应让孩子有信心可以达到，易于被孩子接受。让孩子感到大人的教育态度是坚决的，那么孩子那种"我独占"、"我为主"、"服从我"的不良心理和任性行为将会随着良好的环境和教育而消失。

（1）家长要减少对孩子的呵护，特别是男孩子，要为孩子提供磨炼的机会

当孩子遇到困难时，让孩子自己想办法去克服，这样可以锻炼孩子的意志，增强孩子的独立意识，从而懂得关心、爱护、帮助别人，养成良好

的习惯。

（2）不妨试着给孩子设置点儿障碍

家长应该有意识地给孩子设置点儿障碍，为孩子提供一些克服困难的机会。因为耐心是坚强的意志磨炼出来的，越是在困难的环境中，越能锻炼孩子的耐心。要鼓励他做事不能半途而废，做好一件事要经过努力，才能完成。孩子经过努力完成一件事时，应当及时给予表扬，强化做事有始有终的良好习惯。

（3）要集中孩子的精力，使他们持久地沉浸在一种活动中

要让孩子知道，生活中许多事是需要耐心和等待的。有时孩子饿了马上要吃，渴了马上要喝，想要什么玩具当时就要买，家长可有意延缓一段时间，不要立刻满足孩子的要求，以培养孩子的耐心。

# 培养意志力，克服拖延症

斯坦福大学的米切尔博士曾做过一个考验儿童耐心和意志力的"棉花糖实验"，十几年后，研究者发现那些通过实验的孩子成年后更加成功。多年来，心理学家一直认为智力是预测人生成败的最重要因素。但米切尔认为智力其实受制于自我控制力，"我们无法控制这个世界，但我们可以控制

自己如何去看待这个世界"。

　　那时候，卡罗琳·威茨还是一名四岁的小女孩，她被邀请到斯坦福大学比恩幼儿园的一间游戏房。房间比橱柜大不了多少，里面摆放着一张桌子，一把椅子。有人叫卡罗琳坐在椅子上，从桌子上的盘子里挑一块零食，盘子里装着棉花糖、曲奇饼和脆饼干。卡罗琳挑了一块棉花糖。虽然现在已经44岁，卡罗琳仍然对这种软绵绵的甜食没有抗拒力。一名研究者对卡罗琳说：她可以选择现在就吃一块棉花糖，或者等他出去一会儿，当他回来后，她可以得到两块棉花糖。在他出去期间，如果她等得不耐烦，可以摇桌子上的铃，他会立刻返回，那么她可以立刻得到一块棉花糖，但必须放弃第二块。说完，他离开了房间。

　　虽然卡罗琳对这次试验并没有清晰记忆，做实验的科学家也拒绝透露关于实验对象的信息，但她有强烈的感觉，自己选择了等待，吃到两块棉花糖。"我很擅长等待，"卡罗琳说，"给我一项挑战或一个任务，那我一定会找到方法去完成它，即使意味着放弃我最喜欢的食物。"她的母亲凯伦·索廷诺更加肯定："还是小孩时，卡罗琳就很有耐心。我肯定她选择了等待。"比卡罗琳年长一岁的哥哥克雷格也参加了同一个实验。他完全没有表现出妹妹的坚韧。他对那个实验倒是记忆犹新："在某个时刻，我突然想到房间里只有我一个人，谁会知道我究竟拿了多少糖果？"克雷格说他还参加了另一个类似实验。不过诱惑物换成了玩具。有人告诉他，如果等待就可以拿到两个玩具。但他偷偷地打开了箱子。"我把里面的玩具都清空了，"他说，"我拿走了一切。在那之后，老师告诫我说再也不要进实验房间去。"

　　多数孩子像克雷格一样。他们无法抗拒眼前的诱惑，连短短三分钟也等待不下去。"有几个孩子，不假思索，立刻就吃掉了棉花糖。"主持这次实验的斯坦福大学心理学教授沃尔特·米切尔说，"他们根本没有考虑过等待。多数孩子会猛盯着棉花糖，大约 30 秒钟后觉得等不下去了，于是摇铃。"只有约 30% 的孩子，像卡罗琳一样，成功等到实验者返回，有时候要等上 15 分钟。这些孩子找到了一种抵抗诱惑的方法。

　　这次实验的最初目标是揭示人们能够推迟享受的心理过程，了解为什么有的人会选择投降。经过多年的追踪研究，分析调查结果后，米切尔发现，那些不擅长等待的孩子似乎更容易有行为问题，无论是在学校或家里都如此。他们的 SAT 成绩较差，不擅长应对压力环境，有注意力不集中的毛病，交不到朋友。能够等待 15 分钟的孩子比只能等待 30 秒钟的孩子的 SAT 成绩平均高出 210 分。米切尔和他的同事继续跟踪棉花糖实验的对象直到他们进入而立之年。加州大学伯克利分校的心理学助教奥兹勒姆·阿杜克发现，那些不擅长等待的孩子，成年后更容易体重超标，沾染毒品。

　　棉花糖实验证明，意志力存在缺陷是人类的天性；那些能够经受得起诱惑的人，也经过了一番努力。在互联网日益繁荣的今天，孩子在学习之余面临着前所未有的诱惑，影响着他们的学习和生活。想要改正他们拖延的毛病，就要从培养意志力，抵制诱惑开始。

　　这要求家长首先要帮孩子们建立积极乐观的人生态度。试想，当孩子饱受"棉花糖"诱惑折磨的时候，如果能够认真地思考自己的梦想，比如为什么要出国留学，未来要从事什么职业……时常提醒自己，那么情况也许就会大不一样。

　　另一方面，如果孩子容易受环境影响，家长应引导他们试着与专注力较强的同学在一起。这会潜移默化地影响人的专注力，久而久之便可养成良好的习惯。

事实上，意志力并不存在拥不拥有的问题，只要有严于律己的人存在，就会有经不住诱惑的人存在。意志力并不是生来就有的，而是靠后天培养的。意志力强的人懂得如何控制自己的欲望，并适时将这种品质发挥出来。你是否也想孩子成为一个意志力坚强的人呢？这是有方法可循的。

（1）引导孩子制定目标

父母在培养孩子意志力的过程中，应为孩子确定一个努力目标。孩子心中有了目标，他就会为实现目标而努力。表现出坚毅、顽强和勇气。但需注意，目标确定要恰当，合理的目标一经确定，就应要求孩子坚决达到。

（2）适当为孩子设置一些障碍

人的坚强意志是在困境中磨炼出来的，家长应有意识地为孩子设置障碍，为磨炼他们的意志提供一些机会，如让孩子参加一些对他们来说兴趣不大或令他感到厌烦的活动等。

（3）让孩子独立完成活动

即尽量让孩子独立完成一些活动。如让孩子自己洗手帕，自己完成家长布置的简单劳动等。当孩子克服困难自己完成活动时，他会感到一种成功的喜悦。与此同时，他战胜困难的勇气和信心会随之增强。

（4）及时给予孩子恰当的表扬

对于孩子在独立活动中表现出的意志努力和取得的成绩，家长要适时、适度地给予赞赏和肯定。父母慈祥的微笑、疼爱的抚摸、殷切的目光、亲切的话语，会给孩子莫大的鼓舞，激励他努力克服困难，取得成功。当孩子经过努力没有完成任务时，家长要帮助孩子查找原因，协助他继续完成。

此外，培养孩子的坚强意志，家长还要注重孩子的体育锻炼，增强孩子的体质。一般来说具有健康体魄的人往往具有坚强的意志，而体弱多病的人往往意志薄弱。

# 孩子性格散漫，自我管理是关键

张一洋的爸爸最近很是烦恼，因为他接到了儿子班主任的电话，班主任表达得比较委婉，但还是用了一个一洋爸爸认为挺严重的词："散漫。"据说张一洋上课时总是不太安静，跟旁边的同学说话，把凳子弄出声响，都是他曾经干过的。虽然对他的成绩爸爸还算满意，但是这种既影响自己又影响他人的坏习惯，一洋爸爸还是很不愿意在儿子身上看到的。但孩子天性如此，一洋爸爸不免感到有些无奈。

张一洋是个乐天派的男孩，他很有趣，也总能感受到周围的开心和快乐。似乎没有什么事情能让他感到压力，而这也常常是让他的父母、老师感到懊恼的事情。对他来说，似乎没有什么事情是太重要或太严重的。对于各门功课、考试、测验和学校项目，他也很少会有紧迫感。他总是很悠闲，觉得生活中没有什么大不了的事情。他属于这种男孩：走出家门的时候没有很多的想法，回到家也是一副散漫的样子。几乎每天早晨，张一洋的母亲都会跟着他冲出房门，把午餐塞到他手中。

习惯这个东西会跟着人一辈子，一旦孩子的散漫无可收拾，今后他无论做任何事，都会受到这个坏习惯的影响。家长应该教孩子认知现实生活中的真、善、美、恶、丑，然后，让他明白为什么要这样，明白了这些，他就会知道，散漫对于一个人的影响有多坏，而自我管理和坚强的意志对于一个人的发展帮助有多大。

孩子到了能够管理自己的年龄，家长就应该要他们学着自我约束，其实什么事情该干、什么事情不该干，孩子心里都是知道的，只是他们在自我管理这方面做得还不足。家长应该跟他们一起找到原因，并且帮助他们走出自我管理的这一步，毕竟散漫给别人的印象是很不好的。如果任由孩子自己散漫下去，无疑会对他们的性格形成产生很大的影响，性格的形成是不可逆的，相信每一位家长都不希望孩子在这方面出现任何问题。

对于每一个人而言，从幼年到成年是一个漫长的过程。在这个过程中，如果一个孩子缺乏明辨是非的能力和道德观念，不对自己的言行进行适当的约束，任性放纵，想干什么就干什么，就会导致孩子人格的偏离，影响自身的健康成长，严重者会导致违法犯罪，造成对他人和社会的危害。这不是危言耸听，而是真实存在的问题。

那么，我们应该怎样对待孩子散漫这个问题呢?

有一位很特别的母亲，她训练孩子的意志和品质的方法是很值得借鉴的：

这位母亲每天接送孩子都要经过一条铺着黑色地板砖的小路，他的儿子很喜欢办班级板报，常常会剩下一些彩色粉笔，他喜欢拿着这些粉笔在他喜欢的地方练写粉笔字。每天放学经过这条铺着黑色地板砖的小路，他都想在地砖上写写字，可是这里是公共环境，不允许乱写乱画，这位母亲每次都会认真教育他的儿子，晓之以理，告诉他这里为什么不能乱写，让他约束好自己。有一天，这位母亲故意迟了一些来接儿子，她悄悄藏在小路旁边的一棵大树下，她想考验一下儿子一个人路过这里时的表现。结果呢，他的儿子经过此地时并没有在地砖上写字，于是她就对儿子进行了奖励。通过这种训练，孩子的意志品质和自控能力都有了明显的提高。

其实，在孩子中，散漫这种习惯并不少见，但它是可以通过训练去改善的。我们是孩子人生的第一任老师，我们的每一句话、每一个举动、每一个眼神，甚至看不见的精神世界，都会给孩子潜移默化的影响。在孩子面前，家长的表率力量不可忽视，如果我们想要孩子有控制自己的能力，就应该有良好的约束自己言行、情绪的能力。父母不能只看到孩子身上存在的问题，而应该主动改变自己的教育方法，以更多的好习惯影响自己的孩子。培养孩子的自我约束能力必须持之以恒，唯有经过日久天长的行为约束，方能使孩子在被动的受制约过程中逐渐养成主动的自我行为的约束。

当然也要注意教育的方法，很多家长热衷于传统的"你应该做什么，不该做什么；你这样做不对……"的教育方式，让许多孩子只懂得被动地接受管束，却缺乏自我约束的意识，一旦脱离了家长的管理，就会出现种种问题。随着孩子年龄的增长、能力的提高、活动范围的扩大，自我约束越来越重要。据介绍，自我约束包括情绪的自制力、计划的执行力和学习的控制力等。对于每一个孩子来说，养成自我约束的习惯都是至关重要的，比如孩子们在假期里拥有了很多无人监管的空余时间，如果没有一定的自我约束能力，很容易出现各种问题。这最考验孩子的自我约束能力。假期不仅是孩子放松的时候，更是让孩子学习自我约束的好时机。古人云"君子慎独"，自我约束对于成人尚且是个考验，对孩子来说就更不容易，不过一个人一旦学会了自我约束的方法，不管是对于学习还是未来的成长，都有非常大的帮助。

一般来说，家长在引导孩子培养自我约束能力时，可以从以下两个方面着手：

（1）要从小灌输给孩子正确的价值观念

自我管理需要具备两个条件，价值观的建立和自制能力的建立。价值观就是一个人赞同和认可社会规范、道德准则所赞同的观念，并以此约束自己。自制能力则是有意识地多接触各种规则、游戏规则、交通规则等，从而让孩子明白该如何去约束自己的行为。

（2）培养孩子的自我管理能力要从日常生活的小事情做起

父母教育孩子必须抓住每一个小环节，告诉孩子什么是对的、什么是错的。孩子的心灵是脆弱和敏感的，不要觉得他们是小孩，什么也不懂。日常生活中的每一个细节对孩子的成长来说，可能每件都是大事。从小事做起，长期坚持，从根本上触动孩子思想的神经，才能帮助他们形成正确的习惯。

# 训练计划性，让孩子做事有条有理

亮亮是个活泼好动的小男孩，细心的妈妈却发现亮亮做事有点盲目。比如画画，亮亮总是拿起画笔，想都不想就左一个圈、右一个圆的，问他画什么，亮亮总是摇摇头说："哎呀，别问了，我也不知道画了什么！"

周末，邻居浩浩来家里玩，他们一起堆起了积木。不一会儿，浩浩就搭了一座漂亮的红顶屋。回头看看亮亮，只见亮亮煞有介事地拿着积木堆来堆去，可是一直摆到最后一块积木，也没看出亮亮搭的是什么。浩浩问："亮亮，你这是什么呀！""我也不知道搭了个什么。"看着浩浩搭的漂亮的小房子，亮亮心里又是佩服又是难过。

生活中，类似的场景想必爸爸妈妈们并不陌生，做事没计划的孩子总是会把自己的生活搞得一团糟，比如：

早晨一起床，孩子就把房间翻得一团糟，你问他在干什么，他很着急地告诉你："我的袜子呢？妈妈，快帮我找找，马上要迟到了。"

还不到月末，孩子常常会低着头对你说："妈妈，我的零花钱花光了。"你问他："那么多钱，你是怎么花的？"孩子很委屈地告诉你："我也不知道，花着花着钱就没了。"

　　每到考试临近的时候，孩子就会忙成一团麻，早晨起大早背书，晚上复习功课到深夜。你劝孩子要注意身体，他会委屈地告诉你："我还没有复习完呢，我要是早点复习就好了。"

　　凡此种种，无不是令家长们头痛的问题。其实，要解决这些问题并不难，最好的办法就是教会孩子做事有计划性，即对自己要做的事情有具体的时间规定，有准备、有措施、有安排、有步骤。

　　壮壮因为学习成绩不好，常被同学们嘲笑，又因为壮壮很活泼好动，老师也对他感到头痛。每天在学校里，壮壮都有种度日如年的感觉，为了减轻自己的痛苦，他不愿意去上学。妈妈知道这种情况以后，帮他分析了当前的形势，帮他做了学习计划，并对他说："爸爸妈妈不要求你一开始就能拿第一名，按着学习计划做，每次进步一点点就可以。"

　　在妈妈和学习计划的引领下，壮壮渐渐地喜欢上了学习……

　　由壮壮的事情我们可以看出，对于孩子来说，做事有计划是非常重要的。

　　俗话说："三岁看大，七岁看老。"幼儿期是各种行为习惯形成的关键时期，从小培养孩子做事有计划、有条理，对孩子终身的学习、工作、生活都是十分有益的。反之，如果忽视这方面的培养，则是为盲目、紊乱的不良行为开了绿灯。一旦形成习惯则很难纠正。

　　那么，爸爸妈妈们应该怎样培养孩子做事的计划性呢？

　　（1）为孩子提供有计划有条理的环境与榜样

　　爸爸妈妈首先应做到做事有条理，让孩子耳濡目染，这种潜移默化的影响是培养孩子做事有计划性的前提。

（2）有意识地让孩子参与讨论一些事情的计划安排

比如，周末的活动安排可以让孩子参与讨论：上午和爸爸妈妈一起做家务，下午去少年宫，然后去看爷爷奶奶……鼓励孩子发表自己的意见，如果孩子的意见合理，则予以肯定，如果孩子的意见不合适，则可帮他分析。如，孩子提议先看爷爷奶奶再去少年宫，则帮他分析，少年宫有一定的时间限制，去晚了不能入场，所以还是先去少年宫再看爷爷奶奶。这样的讨论可以使孩子明白做事为什么要有计划，怎样做事才算有计划。

（3）借助收拾物品训练孩子条理性

爸爸妈妈做内务整理时，可以让孩子参与进来做小帮手，这是培养孩子劳动观念与技能的途径，也是一个让孩子亲眼观摩父母分类摆放、物归原处、井井有条的好习惯的机会。在熟悉了大人衣物、用具、书籍等东西的整理方式后，父母可以给孩子买几个整理箱和一个抽屉式文件柜，让孩子尝试着整理自己的玩具、用品，学会做标记、贴标签、分类放、摆整齐，以后逐步拓展到自己收书包、摆书架、理衣柜，再到自己准备活动用品等。如果你能够持之以恒地影响与培育孩子，孩子就会从收放物品中体会到条理性的意义与技巧。

（4）让孩子在活动体验中调整计划

孩子由于生活经验较少，所做的计划未必合乎情理，爸爸妈妈不要急于求成。不妨让孩子在活动中深切体验，从结果的反馈中去调整计划。比如，一家人要去旅游，可以让孩子自己做决定带哪些东西，孩子的安排可能是正确的，也可能不周全，爸爸妈妈暂且不要代劳，让孩子在旅游时体验，孩子可能会深刻感受到单肩包老是滑不适合行走，吃的东西带得太多会很累赘，没带玩的东西很无聊，不带饮水实在渴得慌，等等。回来以后，与孩子交流这些体验，孩子一定能够从中受益，这些被整理的生活经验就可能被孩子用到下次旅游计划中，从而自然地对原有计划做出调整。

（5）注意持之以恒

一个习惯的形成关键在持之以恒，因此应经常坚持对孩子计划性的要求，并强化这种要求。在孩子有计划地做事并完成好的时候，应给予鼓励，并使幼儿意识到计划与效果密切相关，久而久之，幼儿就会习惯于做事有计划有条理了。

# 提升专注力，专心才会有效率

美国一位成功学家讲述了这样一个故事：

在好多年前，当时有人正要将一块木板钉在树上当搁板，贾金斯便走过去管闲事，说要帮他一把。

他说："你应该先把木板头子锯掉再钉上去。"于是，他找来锯子之后，还没有锯到两三下又撒手了，说要把锯子磨快些。

于是他又去找锉刀。接着又发现必须先在锉刀上安一个顺手的手柄。于是，他又去灌木丛中寻找小树，可砍树又得先磨快斧头。

磨快斧头需将磨石固定好，这又免不了要制作支撑磨石的木条。制作木条少不了木匠用的长凳，可这没有一套齐全的工具是不行的。于是，贾金斯到村里去找他所需要的工具，然而这一走，就再也不见回来了。

贾金斯无论学什么都是半途而废。他曾经废寝忘食地攻读法语，但要真正掌握法语，必须首先对古法语有透彻的了解，而没有对拉丁语的全面掌握和理解，要想学好古法语是绝不可能的。贾金斯进而发现，掌握拉丁语的唯一途径是学习梵文，因此便一头扑进梵文的学习之中，可这就更加旷日废时了。

贾金斯从未获得过什么学位，他所受过的教育也始终没有用武之地。但他的先辈为他留下了一些本钱。他拿出十万美元投资办一家煤气厂，可是煤气所需的煤炭价钱昂贵，这使他大为亏本。于是，他以九万美元的售价把煤气厂转让出去，开办起煤矿来。可这又不走运，因为采矿机械的耗资大得吓人。因此，贾金斯把在矿里拥有的股份变卖成八万美元，转入了煤矿机器制造业。从那以后，他便像一个内行的滑冰者，在有关的各种工业部门中滑进滑出，没完没了。

他恋爱过好几次，虽然每一次都毫无结果。他对一位姑娘一见钟情，十分坦率地向她表露了心迹。为使自己匹配得上她，他开始在精神品德方面陶冶自己。他去一所星期日学校上了一个半月的课，但不久便自动逃掉了。两年后，当他下定决心求婚之时，那位姑娘早已嫁人。

不久他又如痴如醉地爱上了一位迷人的、有五个妹妹的姑娘。可是，当他上姑娘家时，却喜欢上了二妹。不久又迷上了更小的妹妹。到最后一个也没谈成功。

来回摇摆的人永远都不可能成功，贾金斯的情形每况愈下，越来越穷。他卖掉了最后一项营生的最后一份股份后，便用这笔钱买了一份逐年支取的终生年金，可是这样一来，支取的金额将会逐年减少，因此他要是活得时间长了，早晚得挨饿。

贾金斯的失败在于，他的目标总是在不停地变动，如此一来，就不得不在各个目标之间疲于奔命，这样做除了空耗财力、物力，空耗时间与人生，还能有什么呢？

专注是从小就需要培养的一种品格，它是一个人能高度集中于某一件事情的能力，是一项非常重要的心理素质。正所谓："书痴者文必工，艺痴者技必良。"从小训练孩子的专注力可以让孩子一开始就养成集中注意力的习惯。每个家长都应该从小培养孩子的专注力，因为专注可以帮助孩子的学习，使孩子更加聪明伶俐。

刘智勇是一名中学生，他学习成绩优秀，就是因为他有很强的学习专注力。

他上课听讲能做到"两耳不闻窗外事"。上课时为了不受其他事物的干扰，他首先是把课桌上与本课学习内容无关的东西都放进抽屉，比如这节是语文课，他就把桌子上摆放的圆规、三角板、量角器等东西都收进抽屉，桌子上只放语文课本、笔记本等上语文课必用的书籍和学习用具。这样桌子就显得整洁，在听课时就不会因为桌子上的东西太多而分心，从而影响注意力。

另外，他还比较注意锻炼自己的自控力，比如听到教室外有什么声音，就尽量控制自己不转过头去看，也不要去想，提醒自己眼睛要随着老师讲课的进度看黑板或是课本，思路要跟着老师，而不是人坐在教室里，心里却想着其他的事情。

最后，为了避免周围的同学上课时做"小动作"影响自己，在课下他经常提醒同学上课要集中注意力，不要做小动作，这样害人又害己。同学们大都能接受他的意见，这样，他就有一个非常好的学习环境了。

由此可见，专注力是保证孩子学习成绩优秀的重要秘诀。所以，想要提高孩子的学习成绩，就要培养孩子学习的专注力。

造成孩子学习不能专注的原因有偶然性因素和经常性因素。比如，和同学们有了矛盾或身体不适等情况造成的上课状态不佳，属于偶然性因素。经常性因素则是由于孩子的注意力不集中造成的，如缺乏认真学习的态度、厌学情绪、对某一种事情不喜欢等。父母应根据情况分析孩子学习不能专注的原因，及时帮助孩子改正缺点。

小明在课堂上注意力不集中，思想容易开小差。如老师讲课时，他的思路并没有跟着老师，而是想着头天晚上看过的动画片，想着下一节是体育课就可以打球；有时他坐在座位上发呆，连老师的提问都没听到；有时朝周围的同学做小动作，影响了别人的学习。老师的批评教育对他效果不大，便把这件事反映给了他的父亲。

小明的父亲收到老师的反馈信息后，在和小明的沟通中，发现小明上课之所以总是走神，是因为在作文竞赛中，没有取得好的名次，而觉得自己不如人。他就这一情况有针对性地向小明讲了失败一次并不等于永远失败的道理，同时，还告诉小明要以平常心面对学习中的得失。另外，他还买来一些名人的传记给小明看，并告诉小明许多伟人、名人遭受过挫折，但他们能从挫折中很快地站起来。

在父亲的正确引导下，小明终于走出了挫折的阴影，他上课再也没有走神，思想也不再开小差。由于学习时集中了注意力，经过一段时间后，小明的成绩有了明显提高。

所以，家长要根据孩子学习不能专注的原因，采用相应的办法去帮助孩子改正，就能有效地提高孩子的专注力。

培养孩子的专注力，家长可以参考以下做法去教导孩子：

（1）视觉注意力训练

让孩子看一些照片或图片，并提出一些问题，比如给孩子看一张照片，让他说说照片里都有什么人，几个男的、几个女的、几个大人、几个小孩，他们每个人都在干什么等。让孩子观察的东西要不断地变换，不然他就会没有兴趣了。

（2）听觉注意力训练

给孩子讲故事，故事讲完之后要提问题让他回答。如果能够在讲故事之前就把要问他的问题提前告诉他，效果会更好。

（3）动作注意力训练

通过让孩子完成特定的动作来达到训练注意力的目的。比如教他做一些体操动作、舞蹈动作或一些游戏动作，都能达到这种效果。

（4）混合型注意力训练

实际上就是把眼睛看、耳朵听和动作结合起来，既训练了视觉、听觉，又训练了动作。这种训练难度大，可以边说边示范给孩子看，让孩子跟着做，比如说出一种行动，让孩子表演出来等。

获得成功的首要条件和最大秘密，是把精力完全集中于所干的事情上。学习时能高度集中注意力是所有成功人士的特征。

# 培养孩子善于抓住眼前事物

许多孩子在做事的时候，总是"舍近求远"。很多时候，事情的关键就在眼前，他们偏偏不远万里，四处追寻，简直是出力不讨好。

有一位很怪的画家，选择徒弟的方法十分奇特，他总是让前来拜师的孩子画同一幅画，那就是用最饱含深情的水磨墨，以自己最亲最近的事物为题，描绘最无私的真情。

许多来拜师的孩子，都是满怀希望而来，满怀失望而去，因为他们都找不到最饱含深情的水来磨墨。

至于最亲最近的事物，有的选了自己最爱的宠物，有的选了自己最华丽的衣服，有的选了自己最心爱的画笔……选什么的都有，可是这些都入不了画家的法眼。

至于他们描绘的真情，却从没有让画家的眼睛湿润过一次。

就在这位画家收徒心灰意冷的时候，一位捧着盛满不知是何种液体的杯子的学生来到了他面前，说是找到了饱含深情的水、最亲最近的事物、最无私的真情，要当场为画家作画。

画家问这位学生，杯中是怎样一种饱含深情的水，学生指了指湿润的眼睛，画家看到学生的动作，眼中有了一丝亮光，示意学生开始磨墨作画。

学生见到画家眼中闪现的一丝亮光，心中高兴极了，因为他是第一个让画家眼中闪现亮光的学生。他磨好墨开始作画了，他每下一笔，画家的眼睛都要亮一下，到他落下最后一笔的时候，画家的眼睛已经放出了奇异的光彩，流出了晶莹的泪珠。

学生画的那张画，被画家珍藏起来了，而学生也成为了画家的入室及关门弟子。

画家去世许多年后，人们找到了当年那位学生所作的画，才恍然大悟最亲最近的事物是什么、最无私的真情是什么——原来，那就是每天疼爱孩子的父母和父母对儿女无私的爱。


原来，画家给学生出的题的答案，都和我们自身有关，而且就在我们的眼前。那么多学生失去了做画家徒弟的机会，就是因为他们没有抓住眼前的事物。

由此可见，做事的时候，如果没有抓住身边的关键事物，即使走很远的路，最终也可能会是徒劳无功。所以我们一定要让孩子学会善于利用眼前的事物，别让送到嘴边的肥肉悄悄地溜走。

培养孩子善于抓住眼前事物的习惯，家长可以参考以下几点：

（1）给孩子建议并提醒孩子

父母平时多给孩子一些好的建议，因为孩子毕竟还小，做什么事情都欠缺经验，自然需要父母的意见。父母要针对孩子做事时欠缺考虑的情况时刻提醒孩子，这时父母的提醒所带给孩子的帮助是最大的。

（2）抑制孩子过多的欲望

因为孩子的好奇心比较重，所以他们会有比较多的欲望。父母应该合理抑制孩子的欲望，让孩子懂得珍惜眼前的才是最重要的。

# Part 07

## 大包大揽，孩子想不懒散都难

　　大包大揽型父母的子女，成人后的独立生活，往往都会遇到一个艰难适应社会的过程。家长大包大揽，实质上束缚了孩子的自主能力和群体的适应能力，让孩子产生了依赖心理，不是什么都不愿自己做，就是什么都做不好，于是就有了拖延。其实，父母为孩子考虑得越多，就扼杀了孩子的诸多可能性。所以，放下做一个大包大揽的家长的念头吧。

# 溺爱其实是一种残害

中国自古以来就有"慈母多败儿"的说法，所谓"慈母"，指的是一种过分的母爱，也就是教育学家所说的溺爱。从字面上看，溺爱的"溺"字有淹没之意，这也表示，过分地疼爱孩子等于淹没了他们。古人云："虽曰爱之，其实害之；虽曰忧之，其实仇之。"这是对"溺爱"一词最好的注解。人世间的种种感情，没有比得上父母之爱的。但是只有爱，不见得就能教好孩子。

曾看过这样一幅漫画：

一个小男孩在客厅看电视，玩玩具吹着空调，而他的爸爸、妈妈在厨房正忙着给他做饭，热得满头大汗。开饭了，孩子的动画片还没有看完，妈妈便把饭菜端到客厅，妈妈负责喂小男孩，爸爸则负责哄小男孩吃饭。动画片演完了，小男孩却不想吃饭，于是爸爸开始做各种滑稽表演，终于，小男孩笑了，妈妈这才喂上一口。

你知道运用什么方法，一定可以使你的孩子成为不幸的人吗？这个方法就是对他百依百顺。真想问问漫画中的爸爸、妈妈，你们不累吗？这样的爸爸妈妈应该及时警醒了，因为你们这样做会把孩子推入深渊的。

　　还曾看过一条新闻：一个大学生，每次吃鸡蛋，都是母亲剥完壳他才吃。有一次在学校食堂吃饭，一个鸡蛋，他没剥蛋壳就吃了，还说："这个鸡蛋怎么和家里的不一样呢？"看了这条新闻，人们都会笑他太笨，可这就是溺爱造成的恶果。

　　生活中，很多父母总喜欢给自己的孩子无微不至的呵护，把孩子的事情都包办下来，一一为孩子做好。这些父母似乎不知道，我们教育孩子的最终目标是要让孩子能够适应他自己未来的生活。因此，日常生活中应当教导他们学会独立地生活，而不要总觉得他们这也不会那也不行。

　　训练孩子的独立能力，家长们可以教导孩子从一些简单的工作着手，例如早晨起床自己穿衣、刷牙等。这些不仅是日常生活的步骤而已，它更能训练孩子自动地管理自己的行为，培养孩子的自立精神。

　　大人既要放手让孩子自己走出去，又要保证我们的孩子能够"安全出行"。一方面需要爸爸妈妈对孩子进行严格的训练，另一方面却不是"三分钟热情"能够解决的。比如，培养孩子一些简单的日常生活习惯，刚开始家长和孩子都会很热心地按计划实行，但是时间一久，一些家长就不耐烦了，这种对孩子缺乏长久性和一贯性的培养，反而会在孩子的性格中留下很多负面影响。

　　与父母过分的叮嘱和过分的呵护截然不同的教育方式是重视培养孩子的自理能力和自强精神。发达国家中的父母们，在教孩子独立自强这方面所取得的成功，尤其值得我们好好地研究与借鉴。

　　在美国，家庭教育是以培养孩子富有独立精神、能够成为一个自食其力的人为出发点的。父母从孩子小时候就让他们认识劳动的价值，让孩子自己动手修理、装配摩托车，到外边参加劳动。即使是家庭富裕的孩子，也要自谋生路。美国的学生有句口号："要花钱自己赚！"乡村家庭要孩子分担家里的割草、粉刷房屋、简单木工修理等活计。此外，孩子还要外出当杂工，出卖体力，如夏天替人修整草坪，冬天帮别人铲雪，秋天帮人扫落叶等。在富足的瑞士，父母为了不让孩子成为无能之辈，从小就着力培养孩子自食其力的精神。譬如，一个十六七岁的女孩子，从初中一毕业就去一家有教养的人家当一年左右的女佣人，上午劳动，下午上学。这样做在中国父母看来似乎难以理解，但瑞士父母却认为大有好处。这样做一方面可以锻炼孩子的劳动能力，让孩子寻求到独立的谋生之道，另一方面还有利于学习语言。因为瑞士有讲德语的地区，也有讲法语的地区，所以一种语言地区的姑娘通常到另外一种语言地区的人家当佣人。其中也有相当多的人还要到英国学习英语，办法同样是边当佣人边学习语言。等他们熟练掌握了三门语言后，就去公司、银行或商店就职。长期依靠父母过寄生生活的人，被认为是没有出息或可耻的。

德国父母对孩子从小就培养他们自己的事情自己做，从不包办代替。法律甚至还规定，孩子到 14 岁就要在家里承担一些义务，比如要替全家人擦皮鞋、打扫房间等。这样做，不仅是为了培养孩子的劳动能力，也有利于培养孩子的社会义务感。而在日本，在孩子很小的时候，就给他们灌输一种思想："不给别人添麻烦。"并在日常生活中注意培养孩子的自理能力和自强精神。全家人外出旅行，不论多么小的孩子，都要无一例外地背一个小背包。父母说："这是他们自己的东西，应该自己来背。"上学以后，许多学生都要在课余时间在外边参加劳动挣钱。大学生中勤工俭学的现象非常普遍，就连有钱人家的子弟也不例外。他们靠在饭店端盘子、洗碗，在商店售货，照顾老人，做家庭教师等挣得自己的学费。

比较一下有些父母"孩子太小，只能由我照顾"的教育方式，不知爸爸妈妈们做何感想呢？家长们都应该明白，你们是无法照顾孩子一辈子的。

真正疼爱孩子的好爸爸、好妈妈，应该关注的是孩子将来是否能自己应付外面的世界。将一个在父母庇护下，毫无自我生存能力的青年推入未来的社会是最为残忍的事，也是爱孩子的父母不忍看到的结局。想使孩子能成功地走入外面的世界，必须从小开始培养自立与自信。如果我们替孩子做所有的事，便不能达到这一目的。在这样的抚养下成长起来的青年，外表人高马大，内心却是畏畏缩缩，缺乏勇气。这样做使他丧失了自信和勇气，也使他感到不安全，因为安全感是建立在能够用自己的能力去对付处理问题的基础上。我们这种自以为无私的行为，剥夺了孩子发展自己能力的权利，但这恰恰是孩子成长最珍贵的要素。

家长们要记住，但凡孩子能独立完成的事就不要替他去做，就好像要让孩子学会走路，你得先放开手一样，当然，一旦决定"放手"了，就要坚持下去，不要看到孩子做不好事情就又去插手。

# 孩子不独立，不会有出息

其实，孩子们有一种天生的主动性，他们很小的时候就有干一些事情的欲望，可是生活中太多的父母却都放不开手，担心孩子做不好、会伤害自己，结果他们的"好心"压制了孩子的主动性，让孩子变得拖延懒散，处处依赖父母。

父母们应该知道，孩子们从一降生到这个世上起，就充满了强烈的参与欲望，希望能加入到这个社会中，同别人一样能够做许多事，这是孩子寻求自立的重要过程。这种欲望便是学习的动力，是一种可贵的探索精神。

我们应不断地培养孩子们的独立自主能力。我们应当在他们一出生时就开始这样做，并持续到他们成人为止。生育一个孩子是十月怀胎的事，而培养一个孩子将会用一生的精力。我们相信自己的孩子会茁壮成长，我们应当用这种态度去解决和处理孩子成长时期的每一个问题。我们的孩子需要鼓励，需要我们尽全力帮助他们发展和保持这种勇气。

有一天，妈妈发现两岁的鲁尼正试着把妈妈掉在地板上的长裙塞到整理箱里，于是她开心地把鲁尼抱了起来，并决定让鲁尼做自己的助手。

"宝宝，地上有一张纸，帮妈妈捡起来放到垃圾桶里去。"

"宝宝，妈妈现在很忙，你自己学习把玩具整理好，好不好？"

鲁尼上完小学后，妈妈分配给鲁尼的任务就多了许多，也不再是简单的工作。"鲁尼，你是我们家的男子汉，去超市买两桶油吧！"

鲁尼中学毕业后，到纽约上大学去了，妈妈在电话里问他："有什么不习惯的地方吗？妈妈可以帮你做什么呢？"

鲁尼在电话中回答："除了想妈妈之外，没有什么不习惯的，我会照顾好自己！"妈妈知道自己的孩子已经具备了很好的独立生活能力，是一个有责任感的孩子，内心真是幸福无比。

我们常常会听到父母说孩子独立能力太差。比如"我像你这么大的时候，早就……"言外之意，孩子不仅不如当年的父母，长到这么大还是一个什么都不会，处处需要父母照顾的孩子！

事实上，在我们的生活中，也不缺乏这样的一些孩子。有的孩子上了高中，甚至考入了大学，仍然缺乏应有的独立能力，报纸甚至报道过一个大学生因为无法独立生活而退学的事。

同样的孩子，为什么有的孩子行为果敢，独立生活能力很强，而有的孩子则遇事犹豫不决呢？这与我们的教育有关。

教育学家指出，在孩子两三岁的时候，随着孩子生理结构和功能的发展以及能力的增强，开始出现独立意识的萌芽，这时候孩子非常希望自己尝试和参与成人的活动，家长就应该引导孩子去做他们力所能及的事情，让他们在日常小事中体会到成功的喜悦，从而增强自己独立处理事情的自信心，这样在以后遇到更大的挑战的时候不至于不知所措。可以根据孩子的年龄，交给孩子一些易完成的任务，通过劳动使其懂得要尊重他人的劳动成果，逐渐形成义务感、责任心，并且在独立完成家长交给的任务的过程中，培养孩子的独立性。

有一位妈妈，在带三岁女儿乘车的时候，一定要把买票的钱交给女儿，让女儿帮她买票。这位妈妈的做法相当不错，买票只是很简单的事，但却会提高孩子做事的信心，增强孩子的独立性。

当然，培养孩子的独立生活能力不是一件简单的事，这既需要父母的慈爱之心，也缺少不了严格的独立生活能力训练。对孩子的培养要从小做起。当然一开始不能对孩子要求太高，但生活的自理能力却是非要独立不可的。这是为孩子制定成长目标的重要内容。为了实现这一目标，要长打算、短安排。孩子被送到幼儿园，半托或全托，孩子可能会哭闹不休，备感委屈，无论怎样，父母都要忍下来，没别的，目的就是让孩子接受锻炼。其次，父母要加强在日常生活中的指导训练。一两岁的孩子，就可以让他自己吃饭，自己收拾玩具、图书；到三四岁时，就要教孩子做一些力所能及的事情，如穿衣、系鞋带等。孩子上学后，父母要教给孩子如何安排时间，教孩子怎样上闹钟，怎样准备早点，以及科学的学习方法等。另外，要创造机会，让孩子在实践中培养能力，从事一些为家庭和班集体服务的劳动。能力的培养是一个反反复复的训练过程，是一个需要不断强化的过程，要多鼓励孩子，决不要因为出了点问题而中断训练。家长应积极支持孩子自己动手做事的愿望，不要怕孩子干得慢、效果差，也不要因为怕麻烦而剥夺孩子从小动手的机会，为了达到培养孩子独立生活能力的目的，应该让孩子经受一定的挫折体验。总之，孩子的独立能力关键在于后天的培养和训练。

为了培养孩子的独立性，爸爸妈妈一定要放手让孩子去做自己的事，不要怕孩子出危险，不要怕孩子做错了，要相信孩子的能力。孩子通过自己的实践，就能够学会独立，就能够自己去处理自己的生活，使生活成为自己的事情。

除了放手、支持孩子去干自己的事外，爸爸妈妈在日常生活中还应多为孩子提供独立做事的机会，如可以让孩子到邻居家借东西，到附近商店去买些小商品等；有时爸爸妈妈还可稍稍设置一些障碍，让孩子开动脑筋，自己想出解决问题的办法，使孩子有一种通过自己的努力独立完成某种事情的愉快心情。

当然，放手让孩子干自己的事并不是放任不管。当孩子提出一些与自己能力不相适应的要求时，或者孩子干的事情具有危险性时，爸爸妈妈也不能过分迁就孩子，否则就会造成孩子任性、不听话，以后还会不断提出不合理要求。爸爸妈妈要耐心开导孩子："你现在年龄小，不能做这件事，等你长大了，你才能做。"也可以将产生的一些不良后果告诉孩子，这样孩子就比较容易接受，不会产生预抗情绪。

总之，我们希望孩子在自主活动中一帆风顺是不可能的，父母应当适当"狠"下心来，让孩子学会照顾自己，只有富于自立精神的孩子才能成长为使自己幸福的人。

# 父母不能永远充当孩子的保护伞

现在以独生子女为主的家庭里，如何培养孩子的自立精神是一个"老大难"问题。尤其是孩子稍大一点以后，不知道为什么，好像突然"什么都不会"了——不好好穿衣服，非要妈妈给穿；不好好吃饭，非要妈妈喂；不想自己走路，非要妈妈抱……总之，并不是不会，而是"不想做"，总想依赖成人。

面对这一情况，家长的处理方式尤为重要，但大部分家长却并不知道，究竟应该怎样处理孩子的依赖行为，引导其真正自立。很多家长在孩子哭闹撒娇后，要么直接代劳，要么先"冷处理"，却禁不住孩子的哭闹，僵持一会儿后，还是代劳了。虽然过程不同，但最终都向孩子妥协了。而这种妥协背后的想法往往是"长大就好了"、"只有这一次哦"。家长总是寄希望于未来，可等"下一次"真的来临时，依然会出现同样的情况。

这种妥协会让孩子觉得"周围的人都会宠着我，我可以不用自己做事情"，甚至会认为"这并不是我自己的事，别人能为我处理好一切"。可这个"别人"究竟是谁呢？一旦走出家庭，谁还能这样无条件地为他付出呢？那当孩子突然间认识到这个"残酷的真相"时，他要怎么办呢？

在日本的一个村庄里，有一对夫妻四十得子，因而对孩子宠爱有加，这使得在蜜罐中成长的儿子无论做什么都不太专心，就连走路也走不好，时常跌进水沟里，很是让望子成龙的父母焦心。

儿子七岁那年上了小学。可是他还是不能让父母放心，因为他走路喜欢东张西望，不是弄湿了鞋子，就是弄脏了裤子，经常抹着眼泪回家。

一天，孩子的父亲带一把锹去儿子上学必经的田埂上，在上面断断续续地挖了近十道缺口，然后用木板搭成一座座小桥，只有小心走上去才能通过。那天放学，儿子走在田埂上，看到面前一下子多出了这么多的小桥，非常惊慌，不知道该怎么办好。是走过去，还是停下来哭泣？四顾无人，哭也没有人帮忙啊。最终他选择了走过去。当背着书包的他晃晃悠悠地通过小桥时，虽然很害怕，但却有种满足感。他第一次没有哭鼻子。

回家以后，儿子跟爸爸讲了今天走过一座座小桥的经历，脸上满是骄傲神气。父亲坐在一旁夸他勇敢。

但妻子却对丈夫的举措迷惑不解，丈夫解释道："道路太平坦了，他就会左顾右盼，当然会跌倒；坎坷的路途，他的双眼必须紧盯着路，所以才能走得平稳。"

要知道，人的抵抗力、免疫力是一步步增强的，从无菌室里走出来的人，往往是脆弱的，他们抵抗不了细菌的袭击。所以，爸爸们应该对"太顺"的孩子进行一些"挫折教育"，帮助孩子树立坚强的信念，无论顺境逆途都能坚强面对。而父母们首先要改变原来的教育态度，让孩子走出大人的"保护伞"，不要怕孩子摔着、碰着、饿着、累着，孩子摔倒了鼓励他自己爬起来，不能为孩子包办一切，孩子的事情让他自己做，自己能解决的问题，如要玩具自己去拿，衣服、裤子自己穿。在家庭生活中，要安排孩子做一些力所能及的事，切不可把孩子成长过程中的困难都解决掉，把他们前进的障碍清除得干干净净。

家长们应该看到这一点，当你替孩子解决麻烦的时候，也便剥夺了孩子自己体验成败的机会，从而也纵容了孩子的依赖性，让他们无法从生活中体验战胜挫折后的自信。人在一生中将会遇到很多困难，父母不能永远充当孩子的保护伞，因此，当孩子遇到困难不知所措时，爸爸妈妈应该鼓励孩子勇于面对困难，让孩子转动脑筋，充分利用智慧自己去解决，而不是亲自动手为孩子扫平道路。用你的鼓励，从小培养孩子直面挫折的意识和坚强地承受挫折的能力，方能有效地激发孩子生命的能量，使他们的自信心、创造力在危急与困难时刻发挥到极致，增长孩子竞争取胜的才干和驾驭生活的能力，而父母也少了许多不必要的麻烦。

适度的挫折对孩子的健康成长是有益无害的，孩子面对挫折所表现出来的坚强和勇敢，正是他们日后走向成功的资本。因此爸爸妈妈不妨放开你的手，让孩子自己去面对生活中的一些挫折。

总之，最重要的是，我们要让孩子亲自体会到自己的行动会带来什么后果，并对其负责。毕竟，"合乎常理又简单易懂的因果关系"才是最好的老师。

父母无法预测到所有行动带来的后果。当孩子做出意想不到的事情时，父母可以当场不采取任何行动，但要告诉孩子你有多失望、多担心、多生气。告诉孩子要为自己的不当行为承担后果，接受惩罚。可以一两天后再决定对他（她）进行怎样的处罚。

# 教孩子独立而不是替孩子做事

如果因为孩子做得不够好或者不够快，我们就替孩子来做，这不仅剥夺了孩子熟练和巩固一种技能的机会，而且抑制了孩子自立的愿望和尝试的热情，父母这种做法会让孩子认为"我做的不如爸爸（妈妈）好，那就让他们来做吧"，以及"我这样做会让大人不开心，或许我一开始就不该自己做事"。这样，孩子就接受了父母强加给他们的依赖心理。但是我们常做的事：当孩子形成了依赖习惯之后，反过来说"我的孩子从小就喜欢依赖别人，真没办法"。

其实，教孩子独立比替孩子做事更有价值。

可能一些家长醒悟的较早，在他们的坚持下，孩子已经习惯了独自上学放学、独自去超市购物等。但是这还不够，孩子逐渐在长大了，很多时候，他们应该有个小大人的模样了，比如独自做决定、独自计划并完成一件事情。这些都是除了课堂学习知识之外孩子必须要掌握的生存本领。让孩子独立负责一件事情，这可以更大限度地激发孩子的积极性，在这个过程中，孩子的学习生存技能以及基本生活常识的效率会空前提高，会学到很多书本和学校学不到的知识。

我们应该给孩子独立锻炼的机会，比如单独活动、自行购物、与小朋友交往、独立完成作业等，越是有一定的困难度，越是要让孩子自己去做。因为只有让孩子经常完成具有一定难度的事情，他才能够锻炼自己克服困难的能力和体验到成功的喜悦，从而增强自信心和独立性，并变得坚强起来。

有一个小故事是这么说的：老人在山里打柴时，拾到一只很小的样子怪怪的鸟，那只怪鸟和出生刚满月的小鸡一样大小，也许因为它实在太小了，还不会飞，老人就把这只怪鸟带回家给小孙子玩耍。老人的孙子很调皮，他将怪鸟放在小鸡群里，充当母鸡的孩子，让母鸡养育。母鸡没有发现这个异类，全权负起一个母亲的责任。怪鸟一天天长大了，后来人们发现那只怪鸟竟是一只鹰，人们担心鹰再长大一些会吃鸡。为了保护鸡，人们一致强烈要求：要么杀了那只鹰，要么将它放生，让它永远也别回来。这一家人自然舍不得杀它，他们决定将鹰放生，让它回归大自然。然而他们用了许多办法都无法让鹰重返大自然。这只鹰从小习惯了被照顾，死活不肯离去。后来村里的一位老人说：把鹰交给我吧，我会让它重返蓝天，永远不再回来。老人将鹰带到附近一个最陡峭的悬崖绝壁旁，然后将鹰狠狠向悬崖下的深涧扔去。那只鹰开始也如石头般向下坠去，然而快要到涧底时，它终于展开双翅托住了身体，开始缓缓滑翔，然后轻轻拍了拍翅膀，就飞向蔚蓝的天空，它越飞越自由舒展，越飞动作越漂亮。它越飞越高，越飞越远，渐渐变成了一个小黑点，飞出了人们的视野，永远地飞走了，再也没有回来。

想让鹰学会飞翔，就要给它蓝天，整天待在鸡窝里，它是永远学不会飞翔的。我们要想让孩子的人生有所造就，就必须懂得在关键时刻把他带到人生的蓝天，让他去历练、去学习，最终才能真正飞翔起来。我们必须明白：时光会流逝，父母不可能永远跟着孩子，无法为孩子预约未来；社会在进步，事情不会一成不变，也不能为孩子设定方法；更何况孩子长大后所处的时代一定跟原来他小时候的年代不同，身为父母，自己能否完全适应现在这个社会都是未知数，倒不如让孩子在他力所能及的事情上，自己去思考问题、解决问题，逐步培养孩子独自处理事情的能力。对于孩子来说，过程比结果更重要。这样，孩子才能大胆地去探索外面的世界，才能得到锻炼，为未来打下坚实的基础。

（1）要学会抓住教育时机，适时地给予引导

很多独立的习惯要从小注意去培养，观察儿子在独自处理问题时有哪些优点和不足，然后有针对性地去锻炼他。

（2）一定要给孩子提供自己解决问题的机会

很多时候家长不妨刻意给孩子"制造"一些麻烦，然后让他自己去想

办法解决。在这个过程中，刻意培养孩子的思考能力、变通能力以及做决定的能力，对于他思维方式的建立以及勇气的发展都有很大的帮助。

# 尽量不给孩子能够依赖的机会

很多家长对孩子的事情特别用心，孩子的一些事情，都是家长们提前就处理得当了，也不需要孩子操心。如果一些事情让孩子做，孩子却没做，这是孩子过分依赖家长的表现。家长们应该注意：如果孩子能够自己完成的事情，不要再帮孩子处理。让孩子早一点在自己的能力范围内，变得独立。否则，孩子就会因为依赖而变得懒散、拖延。

我们来看看这位妈妈的苦恼。

我儿子都上小学五年级了，可还是什么都不会做。每天晚上，我都要帮他把书包装好，早晨起床，他就会坐在那里等着我给他穿衣服，有时他不爱吃饭，还得我喂他吃。晚上学习时也是，一会儿妈妈这，一会儿妈妈那，比如"妈妈我本子找不到了"、"妈妈，我这道题不会，你给家教打个电话吧！"

以前，我想多帮孩子做点事，让他有更多的时间学习。确实，孩子学习成绩一直很好，上次又考了全班第一，这也是我一个小骄傲，可是孩子处处依赖的性格也确实成了问题，外套得我给脱，脚得我给洗，牙膏得我给挤……有时，我想让他自己干，我刚一开口，他立刻就反驳过来："妈妈，我又给你考了全班第一，作为奖励，你也应该给我洗脚吧？"说完还又添上一句："谁让你是当妈的呢？你以为当别人的妈那么容易呀？"

我听了都被气笑了，儿子现在伶牙俐齿得很，处处跟我顶，我都说不过他。孩子今天这样，扪心自问都是我惯的，我也知道这样下去对孩子的成长很不利，可我该怎么做呢？

不少家长都像上面这位母亲一样，"心太软"，恨不得所有的事情都替孩子做好，对孩子的一切大包大揽，结果让孩子患了"软骨症"和"依赖心理"，给以后的生活造成了巨大的障碍。拒绝孩子的依赖心理，应成为父母最重要的一堂必修课。

有的父母抱怨说："每次我离开孩子，他都要不停地哭闹。"这种情感上的不舍，其实是孩子依赖心理的开端。情感依恋是典型的心理依恋，即某人（或者某人的反应）成为他人做事的动机。长此以往，孩子就会变得离不开父母，对外界的一切感到不适。有报道说，很多孩子上了初中、高中，甚至大学，生活自理能力都很差，还需要母亲一路陪读。这样的例子被很多父母引以为戒。不过"冰冻三尺，非一日之寒"，孩子这种可怕的依赖性可能在孩子刚出生时，就被父母不知不觉中宠出来了。

当然，孩子依赖值得相信的人，这是很正常的。年纪越小就越是如此，尤其是父母在身边的话，孩子会觉得很有安全感，因为父母会像大山一样为自己遮风挡雨。这类孩子不相信自己的能力，他们往往希望别人替他们做作业，而且自己做事难以做决定。父母应该多关注一下这个问题。

有些孩子只会在特定的情况下表现出依赖性，比方说，一些孩子平时在幼儿园可以自己穿鞋子，但是一到妈妈面前，他们就不能自己穿了。有些孩子，自己可以处理好一些事情，但是遇到更难处理的事情时，他们就不会去尝试，转而向大人求助。也有的孩子自信心不足，觉得无论做什么事情都会失败，所以干脆不去做。

这种依赖性和无力感，和年龄的大小并不相关。父母所需要做到的，就是尽快培养孩子的独立性。因为如果到了青春期，孩子们的情绪会更加不稳定，那时候再培养他们的独立性就难上加难了。

如果一个人在生活和工作中总是依赖别人的呵护与帮助，即便他具有再强大的本领，也只能是在激烈的竞争中不堪一击。所以，独立能力是具备竞争力的必备前提。所谓独立，就是能够主动地发现问题、解决问题，并在任何形式的对抗中掌握控制的权力。独立是一种基础生存能力，是塑造自我、完善自我的首要条件。

对于孩子来说，独立解决问题的能力对于他的成长和发展来说是至关重要的。俗话说："温室里长不出参天松，庭院里练不出千里马。"这个道理虽浅显，蕴含的意义却很深刻。试想：如果我们的孩子三岁还不会自己上厕所、四岁还不会自己换衣服、五岁还记不住家的方向，那么，就算他能识字上千、背诗百首，人们能承认他是"天才"吗？这样的孩子长大后又会怎样呢？这样的例子在历史上其实比比皆是，许多"天才神童"在长大成人后沦为平庸之辈甚至丧失生活能力者并不少见。现实生活中，有不少父母认为，孩子还小，自己做事有危险，等到孩子大了，到一定的年龄，自然就会懂得独立。以至于很多孩子到四五岁时还不会自己穿衣服，遇到什么事情都要依靠父母。而事实证明，越早独立的孩子，长大后的自理能力越强，也更能适应现代社会的激烈竞争。

要杜绝孩子的依赖性，父母就应该致力于培养孩子的独立能力。父母要引导孩子做力所能及的事情。父母不应该在孩子遇到困难要求帮助的时候就代劳，而是要给孩子适当的鼓励，比如说"妈妈相信你能做好"、"这点小事难不倒我们家的男子汉"等，让孩子受到刺激和鼓励，积极地去独立完成。

那么，试着让孩子自己去完成以下事情吧：

每天确认并准备好要带的物品；

每天早晨自己整理好被褥；

事先准备好上学要穿的衣服；

每天进行一些兴趣爱好活动（乐器、运动等）；

按时完成作业；

把要洗的衣服装进洗衣篮里；

自己的房间自己清扫；

和妈妈去买菜；

垃圾分类处理；

一周给花草浇一次水。

总之，爸爸妈妈应该在孩子能力范围内，给他们自主选择的权利，给孩子适合他们年龄的任务。当孩子主动去做并完成得很好时，家长可以给予一定的奖励。需要注意的是，不能够养成孩子只要做事情就给钱作为奖励的习惯，那样孩子会期待他们做的所有事情都能得到零用钱。

如果孩子想自己尝试，父母没必要总是事无巨细地关心。放手让孩子去做，就是给孩子一个机会，让他在自己动手尝试中获得经验教训，以便将来更好地解决问题。这种经验对孩子来说可能是成功的，也可能是失败的，但不管是成功还是失败，它们都会在孩子今后的生活中发挥重要的作用。

# 尝试让孩子帮你解决问题

当孩子想要帮爸爸妈妈做一些事情的时候，很多爸爸妈妈会说："乖，听话，去一边玩去，让爸爸（妈妈）赶快弄，不要打扰爸爸（妈妈）好不好？"或者是当孩子主动帮妈妈做家务时，妈妈会说："哎呀，我的小祖宗，谁让你拖地的，你干不了这个，赶快去洗洗手，看电视去。"此时，孩子只有乖乖地放下手中的拖布，然后失望地离开大人的视线。家长们以为这样才是对孩子好，甚至有的家长舍不得孩子做一点点的事情，认为孩子还小，应该宠着他们。但是他们忽视了孩子在慢慢长大，他们需要的不仅仅是父母的宠爱，也需要自己"宠爱"自己，而最好的办法就是感觉到成就感。

很多家长也许并不清楚，不仅我们大人在工作中需要成就感，孩子在生活中也是需要成就感的。成就感带给孩子的快乐是任何其他的快乐所难以比拟的，也是任何痛苦都掩盖不了的。家长应该懂得成就孩子，懂得满足孩子的心理需求，而不仅仅是物质上的满足。

父母疼爱孩子是天经地义的事情，但是家长们千万不要过分宠爱孩子，如果孩子被你宠爱得不会做任何事情，他们依然不会开心，因为妈妈们总是表现出强大的力量，让孩子失去了表现自我的机会，从而孩子总是会认为自己是一个"弱者"。在长大之后，这种思想也会如影随形。最终，孩子变得唯唯诺诺，变得胆小怕事，变得散漫拖延，遇到一点点的困难就可能让他们打退堂鼓，甚至是精神崩溃。所以说，爸爸妈妈们应该适当地满足一下孩子小小的成就感，让他们知道自己并非什么也做不了，让他们相信自己一定会是最棒的。

其实，爸爸妈妈们可以适当地"装装笨"，让孩子帮助自己解决一些简单的问题，适当地满足一下孩子的成就感。在孩子帮自己做完事情之后，一定不要忘记给予鼓励和夸赞，这样会帮助孩子变得更加的勇敢和自信。自信和勇敢是关系到孩子以后能否成功的关键因素之一。


殷丽娜今天工作很忙，所以让丈夫接儿子回家。她回到家中已经是七点了。这个时候丈夫已经把晚饭做好了，儿子也将作业做完了，她一进门丈夫就张罗着吃饭。

吃完饭后，丈夫就去看电视了，殷丽娜忙着收拾碗筷，洗碗刷锅，根本没看儿子在干吗，这个时候只听到"嘭"的一声，殷丽娜知道是儿子出了问题，跑出去一看，是儿子不小心把餐桌上的花瓶打碎了。她看到儿子拿着擦桌布愣在了那里，一动不动，两眼盯着地上的花瓶碎碴。因为个子矮，在擦桌子的时候，儿子的衣袖也蹭上了桌子上的油。虽然殷丽娜没有骂儿子，但是她冲儿子说道："你还小，擦桌子让你爸爸做，看你把花瓶都还打碎了，胳膊上蹭了那么多油，妈妈洗衣服的时候又要花很长时间了。"儿子虽然没有哭，但是也不开心，低着头坐到了沙发上，乖乖地看起了电视。

连着两天的时间，儿子都一直不高兴，殷丽娜便问儿子出什么事情了，怎么看起来不开心，儿子说道："妈妈，前两天明明帮他的妈妈擦桌子，他的妈妈很开心，就连老师也夸奖了明明。但是为什么我帮妈妈擦桌子，妈妈却不开心呢？"殷丽娜终于知道了儿子的心思，她当然知道了要怎么做。

第二天下班后，她一边做饭一边对儿子说："宝贝，妈妈现在忙着做饭，没时间给花浇水，宝贝能不能帮妈妈给花浇浇水呀？"儿子一听，眼睛一亮开心地答道："好的。"说完跑着去给阳台上的两棵茉莉花浇水。之后，殷丽娜夸奖儿子真是能干，儿子自然十分地开心，并且还自告奋勇说："妈妈，以后给花浇水的事情，就让我来做吧。"

其实，孩子需要的不仅仅是父母的百般疼爱与呵护，更需要的是心灵的满足。就如例子中的殷丽娜的儿子一样，他只是想要帮自己的妈妈做点事情，想要证明自己也是可以帮助妈妈做事情的，而这种成就感如果得不到满足，那么很可能会影响到孩子以后做事情的积极性和主动性。合格的家长，应该懂得怎样培养孩子勇敢积极的做事态度。而优秀的父母也并非是在孩子面前无所不能的人，而是能够适当示弱，满足孩子成就感的爸妈。

我们来看看下面这位家长，她的教子心得就很值得我们借鉴。

孩子今年五岁，非常淘气，小手经常弄得脏兮兮的，叫他去洗，他就到处跑，还时不时地向食物进攻，真是令人抓狂。多数情况下，我和孩子他爸的做法就是拍打孩子抓食物的手，然后将他拖到水龙头前面，抓着鬼哭狼嚎孩子的手去洗。

有一次我突发奇想，能否让孩子"帮"我洗手，顺便让他的手也洗了呢？

——"儿子，你能帮我洗手吗？你洗得比较干净哦！"我这样对他说。

没想到这招还真管用，孩子非常乐意地跑过来，他从一刻前的撒泼小孩突然变成了一个责任感十足的"小大人"，牵起我的手就往洗手间走，还一边走一边唠叨："肯定要我帮忙才行啦！"

在他帮我搓肥皂冲水时，我们还握握手，孩子的小脏手被洗得干干净净。


其实，邀请孩子协助大人，比要求他必须做某事效果好得多。每个孩子都希望得到认可，尤其是当大人提出帮助时，他们会更自豪。邀请的方式会让孩子感到自己被尊重，人在被尊重时，一般都会满足对方的需求，孩子也是一样哦。

那么，我们怎样满足孩子做事情的成就感呢？

（1）日常生活中，注意自己的语言，千万不要贬低孩子

有的家长在日常生活中，很少注意自己的言语，比如说当孩子想要帮他们做一些事情的时候，他们会说"你还小，这些你做不了"，或者是"别碰，小心把东西摔坏了"。这些话都会让孩子产生消极的做事心态，久而久之，他们会觉得自己还小，所以什么事情也做不了，对他们的成长自然是不利的。

（2）主动恳求孩子去做一些事情

爸爸妈妈们不要以为自己将所有的事情都给孩子安排妥当，他们就会

开心，更不要认为孩子不喜欢做事情。每个孩子都需要成长，而在成长的过程中，最重要的恐怕就是让他们亲自去做一些力所能及的事情。所以说，这个时候爸爸妈妈们不妨假装自己做不了，恳求孩子帮自己做，这样不但能够满足他们内心小小的成就感，还能够培养他们的自信心。

（3）做完事情之后，千万不要忘记夸奖孩子

没有孩子不希望父母夸奖自己，当爸爸妈妈夸奖孩子的时候，他们内心才会觉得自己所做的是正确的或者是值得的。所以说，爸爸妈妈们在让孩子做完一件事情后，千万不要吝啬自己的夸赞。

# 在家里为孩子设立"自治区"

早期的习惯培养就像一粒希望的种子，不能到了收获的季节才匆匆忙忙想到播种，而必须赶在生命的春天里就有意识地培土和撒种，并且坚持不断地施肥和灌溉，这样才能让希望的种子及早生根发芽，茁壮成长，让孩子在人生成功的道路上胜利前进。

我们向读者建议，应该向自己的孩子灌输这种理念：自己的事自己做。这不应该仅仅是一句口号，而应该成为一种治家的理念。我们认为孩子三岁就可以作为平等的一个家庭成员参加"家庭会议"，参与决策、分担任

务。毫无疑问这是培养他们自理能力的绝佳手段之一。

让孩子早点当家，这也是培养他们的自信心的一个绝妙办法。

我们推荐这样的做法：如果家中来了客人，特别是孩子比较喜欢而又尊敬的客人来了，让孩子有意识地做家庭的主人，接待客人，做一些力所能及的招待活动，比如送茶水、送糖果等。另外，还应该鼓励孩子从事简单的社会交往，有利于孩子锻炼自己的生活能力。

现在的很多孩子是"衣来伸手，饭来张口"，什么事情都是父母包办代替。这是一种很不好的现象，父母应该努力改正。父母必须清楚，总有一天，孩子是要成为一个自立于社会、自立于人生的个体的。父母如果能从小就培养孩子自己的事情自己做，自己的东西自己管，自己的生活自己安排的自我管理习惯，就能够很好地增强孩子行动的独立性、目的性和计划性，这对于孩子今后的幸福和成功无疑是具有很大的好处的。具体做法如下。

（1）给孩子一个劳动岗位

从孩子的成长需要讲，孩子其实是喜欢参加一点劳动的，更喜欢负一些责任，以确立他们在家庭中的位置，并增长自己处理问题的能力。这是他们成长过程中的自然需求，我们应该满足他们。否则，他们长大之后会发觉，这一生有无法弥补的缺憾。

从教育的角度看，孩子的劳动与健康人格密切相关。我们调查发现：第一，孩子劳动时间越长，其独立性越强；第二，孩子从事劳动时间越长，越有利于形成勤劳勤俭的品德。

因此，父母们应当从小培养孩子热爱劳动的良好习惯，并以此作为培养优良人格的一个切入点。譬如，在家务劳动中，为孩子选择一个适合他的劳动岗位，郑重其事地交给他，使他具有光荣感和责任感。父母应当经常鼓励孩子，并给其具体帮助，使他感受到劳动的高尚。

（2）让孩子自己支配时间

一个具有健康人格的人是自由的人，而自由主要体现在这个人能够自由、有选择地支配自己的行为。这种自由感不是凭空产生的，其中很大一部分来自童年时期对自由支配时间的体验。但遗憾的是，我们没有给予孩子足够的可自由利用的时间，相反，我们用功课以及其他有关学习的活动将孩子"安排"了，我们把他们"安排"得满满的，使他们疲于奔命，而失去了选择的机会和能力。

更可悲的是，他们几乎成了机器人，在"安排"下失去了自我，以至变得越来越懒散、麻木和消极。

自由支配时间，意味着孩子具有热情地实现自我、用创造性的方法表达自我的机会。剥夺儿童自由支配的时间，实际上是在剥夺儿童成长和发展的机会。对城市孩子的调查表明：有更多自由支配时间的孩子自信心更强，并且比自由时间较少的孩子有更强的成就需要。因此，父母们应转变观念，给孩子足够的自由支配时间，帮助孩子有效利用时间，发现生活的乐趣，展示自己的才华，使其能够更健康更自然地成长！

作为父母，你是否觉得孩子太依赖大人呢？

早晨起来被子不叠，吃完了饭碗筷不洗，甚至忘了带某种学习用具也怪大人没有提醒，等等，诸如此类的现象司空见惯。所以，我们在调查中发现，孩子认为自己"有责任心"的仅占45.9%，认为自己"做事有独立性不依赖他人"的仅占40.3%。也就是说，半数以上的孩子依赖性较强。

孩子的依赖性是从哪里来的呢？一般来说都与父母的溺爱有关，父母包办代替越多，孩子的依赖性越强。相反，父母如果鼓励孩子自己的事情自己做，孩子的依赖性将会大为减少。关于这一点，很多父母都有切身的体会。

有个上小学四年级的女孩习惯于睡懒觉。每天早晨，她妈妈几次催她起床，她总哼哼唧唧说："再待会儿。"如果真迟到了，她会抱怨父母不把她拽起来，害得她受老师批评。

父亲想了想，对妻子说："咱得换个办法了。"于是他们告诉女儿："上学是你自己的事情。从明天早晨开始，该几点起床你上好闹钟。如果闹钟响了你还赖被窝，你就赖吧，肯定没人叫你，一切责任自己负！"

父亲心中有数：孩子虽然跟父母撒娇，可是在老师、同学那里还是很在意自己形象的，岂敢总迟到？果然，第二天早晨，闹钟一响，女儿"噌"地跳下床来。从那时起至今，五六年过去了，女儿早晨起床上学再不用催了。有时候，父母还在睡觉，女儿早已经骑车上学去了。

从这个女孩的变化可以看出，孩子的潜力很大，可以做很多事情，只是父母的溺爱剥夺了他们自立的能力。譬如，孩子的学习也是自己的事，靠自己认真听讲、认真思考、认真复习和预习，独立完成学习任务，才能真正掌握学习本领。大人陪读陪写甚至帮写帮计算，都是在帮倒忙，是在辛辛苦苦培养懒孩子。当然，如果孩子个人很勤奋仍搞不明白，帮他分析一下甚至请家庭教师都可以，但必须以孩子独立学习为前提，切忌包办代替。早在1927年，著名教育家陈鹤琴就提出：

"凡儿童自己能够做的，应该让他自己做；凡儿童自己能够想的，应该让他自己想。"

这是符合教育规律的至理名言。

父母希望培养出一个天才的孩子，就必须树立管理孩子的新观念，把握孩子发展的大方向。在孩子成长的过程中，出现一定的偏差是难免的，只要掌握好了大方向，就会到达目的地，因为孩子具有很大的可塑性。

一个人的成功，智力是重要因素，但不是关键因素，关键的因素是非智力因素，也就是时下人们常说的"情商"。古今中外很多做大事成大功的人，其"情商"都发挥了不可估量的作用。父母有意识地培养孩子的顽强精神和坚强意志，培养孩子关心他人和集体以及助人为乐的良好品质，具有十分重要的意义。

# 指导孩子学会规划生活

孩子做事似乎都缺乏一点规划，比如每天回来做功课如何安排时间，以及每一门课程按照什么样的步骤去学习，往往都没有明确的思路。他们的学习桌上往往堆满了书本、作业本，乱七八糟，很难想象，在这样的状况下孩子能够保持一个井井有条的头脑。家长应该教会孩子在学习中制定目标，学会制订学习计划，因为这项技能对孩子以后的人生意义重大，人生何尝不是一种规划呢?

曾经有一位叫作山田的日本著名的马拉松运动员,他曾在 1984 年和 1987 年的国际马拉松比赛中两次夺得世界冠军。记者问他凭什么取得如此惊人的成绩,山田总是回答:"我不仅凭借自己的体能,更重要的是凭借我的智慧!"

有点体育常识的人都知道,马拉松比赛主要是运动员体力和耐力的较量,爆发力、速度和技巧都还在其次。因此对山田本一的回答,不少人觉得他是在故弄玄虚。又过了十年,这个谜底被揭开了。已经退役的山田在自传中这样写道:"每次马拉松比赛之前,我都要乘车把比赛的路线仔细地查看一遍,在这个过程中,我会把沿途比较醒目的标志画下来,比如:第一个标志是某个酒店,第二个标志是一个十字路口,第三个标志是一座公园……这样一直统计到赛程的结束,随后我会把我的整个赛程列成一张计划,每一个标志就是我计划的分解目标,把它们牢牢记在心里。正式比赛开始后,我就以百米的速度奋力地向第一个目标冲去,到达第一个目标后,我又以同样的速度向第二个目标冲去。就这样,四十多公里的赛程被我在事先的计划中分解成几个小目标,这样跑起来就轻松多了。最初的时候,我只是简单地把我的目标定在终点线的旗帜上,结果当我跑到十几公里的时候就已经疲惫不堪了,因为我没办法掌握整个比赛过程的节奏,脑子里一团乱,很容易就丧失信心了。"

其实,无论是学习,还是我们人生中的每一个梦想,都像是一场马拉松大赛,我们要想取得最后的成功,就要学会去计划,试着把每一天的努力作为一段小赛程,每天都要有一个明确的目标,并且通过自己的勤奋努力完成每一个小目标，这样日复一日、年复一年，我们就可以在完成一个一个小目标的基础上来实现我们人生的大梦想。我们如果是为了追寻成功而经营我们的人生，那就应该为了事业的顺利发展而制订具体的计划、设立具体的目标。我们经常听到有人说"我一定要成功"、"我要拥有自己的房子、汽车"、"我想发财后要捐助希望工程"……很多人都有类似如此的愿望，但这是真正意义上的设立目标吗？当然不是！这绝不是目标设立，这是喊口号。喊口号就像写下一个个伟大却空洞的梦想一样简单，而若是想要把这些口号和梦想变为实实在在看得见、摸得着的成功，则需要我们设立更加具体、更加具有可行性的详细计划。

首先，我们设立的每一个具体目标必须是具体的，才能促使我们集中注意力，心甘情愿、全神贯注地追求目标。而且，这些目标必须是可执行的。我们可以尽自己所能去梦想，也许目标非常远大，但只要是可达成的目标，一定可以分成远期、中期、近期来逐一完成，再以终极目标为引导，做一个详细的计划，让每一个小计划的成功来堆砌大计划的成功，如此由近而远、由小而大，必能达成目标。

具体到学习来说，拿晚上的功课为例，家长可以要求孩子根据每一门课程的学习量安排一下时间，几点到几点学哪一门，到时间完成之后，就把桌子收拾干净，重新拿下一门课程出来学习，这样，孩子的脑子也会变得像他的书桌一样井井有条，思路会更加清晰，学习效率一定也会提高不少。这样的方法对于孩子的人生同样也意义重大，因为我们无法长生不老，所以应在有限的生命中去实现自我，然而实现自我的过程正是每一个计划配合一定时段的完成，不断地重复，最终变成了成功，所以在任何设立的目标中应该订下确切的完成时间，否则将会使目标不断拖延，而后和下个目标重叠，永无完成之日，所谓"明日复明日，明日何其多"便是形容这种情形的。

因此，不要小看计划的作用，它会给孩子的学习带来非常大的帮助。在这方面，家长应该做到：

（1）教会孩子结合自己的学习情况确立学习目标

比如在数学上，孩子一向做事比较认真，所以计算没有问题，但是应用题的理解能力比较差。所以，可以引导孩子，让他把学习数学的目标定为提高对应用题题目的理解能力，同时也要加强语文阅读理解能力的学习。

（2）及时提醒他对计划完成情况和质量要进行评估

对于计划完成较好的孩子，定期对计划实施情况进行总结评估是一个最佳的鼓励，让他看到自己的进步，从而对以后的学习充满信心，而对于计划完成不好的孩子，计划评估可以发现孩子在完成计划过程中出现的问题，究竟什么地方不太符合孩子的实际情况，并以此作为调整学习计划的依据，使计划执行起来显得更有效。


# 让孩子为自己撑起一片天


自理能力是一个孩子从依赖到独立的过程，即孩子从依赖家长的帮助，到学习认知照顾自己的衣、食、住、行的历程。

孩子的自理能力是他们形成健全人格的基础，是他们顺利进入青年时期的前提，同时对他们今后的成人化和社会化都有着极为重要的影响。

对孩子来说，自理能力是踏出家庭保护网的第一步，是将来独自走天下的必备技能。

对于以上道理，每位家长都懂得，可是运用在实际生活中，却是另一回事。因为当今许多孩子是独生子女，父母对他们自幼宠爱，无论什么都一手替他们操办，造成了他们生活自理能力很差，对父母依赖性很强的通病。

贝贝已经是五年级的学生了，可是自己上学的"行囊"还要妈妈来整理。而且每天过的是饭来张口、衣来伸手的"幸福"生活。他从不洗碗筷，每次吃完饭的时候，总是把碗筷一放，该玩就玩去了；他的衣服从来都是妈妈洗，自己没有洗过一件，每次衣服脏了，就脱下来，交给妈妈"处理"。

原来，贝贝是家里的独苗，父母疼爱得不行，自从他来到这个世界，就成了父母的心肝宝贝。孩子小的时候，本来有自己的事情自己做的潜意识，但每当孩子自己想干一些活的时候，妈妈就说："你还小，大了再说。"

等到孩子大了的时候，妈妈却说："你的任务就是好好学习，不需要干这干那的。"久而久之，贝贝养成了什么事情都靠父母的习惯，以至于上学的用具还需要妈妈帮他整理。

直到有一天，学校组织学生们去野外生存训练，贝贝回家问妈妈怎么做时，妈妈才意识到孩子不能自理的严重性。

如今许多孩子生活在父母的溺爱中，很少能够自理。身为家长，应该从小就培养孩子的自理能力，这样在他们走出家门的时候，才能照顾好自己。

培养孩子的自理能力，应该让孩子从力所能及的小事做起。古语说得好："合抱之木，生于毫末；九层之台，起于垒土。"只有让孩子从小事做起，锻炼自理能力，才能为日后独自闯社会铺就一条道路出来。

浙江有一名大学生，他的一天是这样度过的：

每天早上六点半，他就要起床给因身患尿毒症而丧失劳动能力和生活自理能力的妈妈烧好早饭，然后跑到学校上早自习，中午再从食堂带饭给妈妈。

上完一天的课，他就赶紧回到家里（校外的出租房），整理家务并清洗衣服。做好这一切后，他又回到学校里打扫食堂卫生——这是学院为他争取来的勤工俭学的岗位，每个月有50元的工资，每日三餐也可以全部免费。

在食堂吃饭的时候，他还把自己饭菜的一半分到另一个盒子里，这是带回家给妈妈吃的。接着，他匆匆忙忙地赶到教室上晚自习，这时离晚自习时间仅有两分钟。他利用晚自习时间做作业并温习一天的功课。

晚自习一结束，他就匆匆赶回出租房里，给母亲敷药、打针，一路上，他心里想着：妈妈肯定饿坏了……

晚上，他就和妈妈睡一张钢丝床，妈妈睡这头，他睡那头，要是妈妈不舒服，他就马上爬起来照顾妈妈。

这名学生名叫刘霆，此时的他仅有19岁，却已经担负起了家庭全部的重担，还要完成自己的学业。

他小的时候也曾有过一个幸福的家庭。爸爸是个职员，妈妈是缝纫师傅，家里经济状况在当地还算不错。但是父母没有因为家庭条件不错，就溺爱孩子，而是从小就让他做自己力所能及的事情，可以说是自己的事情自己做。

当他会自己吃第一口饭时，父母绝不再喂他一口；当他能够自己穿衣时，父母绝不再给他穿一次衣服；当他会自己洗衣服时，父母绝不给他洗一次衣服。

在这样的锻炼下，刘霆上小学三年级的时候，就已经是个小大人了。所有自己的事情，都能够完全自理。

三个人的幸福家庭，在刘霆上小学六年级的时候，因为母亲的尿毒症彻底改变了。治病耗尽了家中所有的积蓄，父亲不堪忍受而离家出走，殷实美满的三口之家顷刻变成母子相依为命。

从小就能够自理的刘霆，没有像父亲一样逃走，而是毅然挑起了求学、给母亲看病、养家的重担，直到现在，他毅然用瘦弱的肩膀为母亲撑起一片天。


刘霆之所以能够肩负起和他年龄段不相称的重任，就是因为他小时候学会了自理，培养出了自己独立生活和养家的能力。如果把上文中的刘霆换成贝贝，那贝贝能否挑起生活的重担呢，结果是可想而知的。

那么，我们该如何从小培养孩子的自理能力呢？家长可以按如下方法去做：

（1）让孩子通过自我服务来培养他们的自理能力

家长应结合品德教育，利用故事、儿歌等来培养孩子的自我服务意识，从小指导孩子剪指甲、洗手、洗杯子、洗手帕等，并要求他们自己穿衣服、穿鞋、系鞋带，并要求坚持。

（2）通过评价、激励来培养孩子的自理能力

对孩子习惯性的自理行为，家长要及时地给予表扬和鼓励；对孩子偶发的自理行为，家长要及时表扬，并提出进一步的要求。这样让孩子体验自理的快乐，从而达到培养孩子自理能力的目的。

（3）家庭中的长辈不要溺爱孩子

有许多的幼儿与长辈生活在一起。有些父母由于工作忙或贪图方便，把孩子寄托给自己的老人。由于"隔代亲"的影响，长辈们往往重养轻教。也有些父母想让孩子自己动手，但长辈舍不得，百般阻拦，教育方法上不一致，使孩子自理的能力得不到发展。

（4）父母要给孩子提供"自己的事情自己做"的空间

许多家长怕孩子自己动手，吃饭慢了怕饿着，穿衣慢了怕冻着，自己走着怕累着，自己洗脸怕洗不干净，从而包办代替，这个不准动，那个不让摸。家长过多的限制和包办，无意中剥夺了孩子自己动手的机会。家长应该给孩子一个独立做事的空间，不要包揽孩子的一切。

吃自己的饭，流自己的汗，自己的事情自己办，靠人、靠天、靠祖上，不算是好汉。那么，我们为什么不让孩子自己的事情自己做呢？

# Part 08

## 灌输时间概念，教会孩子
## 有效利用时间

孩子没有时间概念，他们怎么快得起来？有些父母只关注孩子知识技能的学习，而忽视对孩子学习习惯、生活细节的培养。时间是什么、如何珍惜时间等，孩子并没有概念。久而久之，自然就养成了浪费时间的坏习惯。

# 培养孩子的时间概念

孩子磨磨蹭蹭，与他们没有时间观念有关。

梅梅就是俗话说的那种"老虎紧追到脚跟，还要回头辨雌雄"的人，是个典型的没有时间观念的孩子。由于磨蹭，上学经常迟到，被老师批评是家常便饭。梅梅妈非常苦恼，下决心帮她改正。

首先，梅梅妈帮她认识磨蹭给她自己和父母都带来不好的后果，她接受意见并表示愿意改正。

接着，梅梅妈与梅梅一起制订了一个互相监督的计划，让她监督妈妈有没有磨蹭现象，爸爸做裁判，记录结果并及时报告。她们还一起制定了生活日程表，记录每天早晨穿衣、盥洗、吃饭等所用的时间，一段时间后看有没有进步（为了维护她的积极性，梅梅妈常常让梅梅赢），梅梅为自己的进步而高兴，主动加快了自己的做事速度，时间观念也加强了。现在，她会根据时间来调节做事速度，有了初步合理把握时间的能力，迟到的现象几乎绝迹。看到女儿的进步，梅梅妈也由衷地感到了教育成功的喜悦。

　　"时间是构成一个人生命的材料"。一个人所拥有的时间可长可短，关键看这个人怎么对待时间、分配时间。珍惜时间的人，往往有所成就；浪费时间的人，往往虚度年华。

　　家长要让孩子从小就学会珍惜时间，这样可以使孩子在生命有限的时间里，尽可能成就更多的事业。

　　历史上，珍惜时间，努力奋斗，孜孜不倦的人，比比皆是。晋朝陶渊明有"盛年不重来，一日难再晨，及时当勉励，岁月不待人"的惜时诗；唐末王贞有"一寸光阴一寸金"的妙喻；法国作家巴尔扎克把时间比作资本；德国诗人歌德把时间看成是自己的财产。这些人，也因惜时而在自己的主业领域独树一帜，成为后人仰慕的不朽人物。

　　其实这些名人在小的时候，就是惜时如金的孩子。而他们珍惜时间的好习惯，都离不开家庭良好的教育。德国有机化学家阿道夫·冯·贝耶尔，就是其中典型的例子。


　　那是在贝耶尔十岁生日的时候，前一天晚上，他躺在床上就高兴地预想着父母一定会送他一份大礼物，并为他热热闹闹地庆祝一番。

　　但是，那天早晨起床以后，父亲还是老样子一吃完早饭就伏案苦读，母亲则带着他到外婆家消磨了一整天。小贝耶尔有些不高兴了。细心的母亲发现了，耐心地开导他："在你出生的时候，你爸爸还是个大老粗，所以现在他要和你一样努力读书好参加明天的考试呢！妈妈不想因为庆祝你的生日而耽误爸爸的学习，妈妈在为明天我们的生活能够丰富多彩而尽心尽力呢。你也要学会珍惜时间学习呀！"这番教诲从此就成为贝耶尔的座右铭，他认为："十岁生日时，母亲送给我一份最丰厚的生日礼物！"

从那以后，阿道夫·冯·贝耶尔每天都起得特别早，生怕耽误一秒的学习时间。天微亮，他就已经在苦读了；当其他孩子在放学后嬉戏时，他仍埋头在案；吃饭的时候，他也手不释卷。这样，过了许多年后，他终于登上了诺贝尔奖的领奖台。

由此可见，孩子能珍惜时间去学习，或做有意义的事情，并终其一生，一定会有不凡的成就。即使孩子不能有那些名人之类的成就，那么他至少也不会虚度人生了。

孩子时期的事情，主要是学习，因此家长可以根据孩子的具体情况，合理地安排孩子的学习时间，以培养孩子珍惜时间的好习惯。

刚上二年级的儿子最近常向爸爸抱怨时间越来越不够。原来，儿子17：00放学后，从学校到家要坐半小时的公交车，而这中间往往要等上十几二十分钟才能等到车。到家往往是18：00了。回家后，儿子首先需要学习半小时，但是18：30有儿子爱看的动画片。19：00吃晚饭，19：30到20：30仍然是孩子的学习时间，20：30时，儿子就得睡觉了。这样，孩子实际学习的时间有一个半小时。现在，老师又规定每个学生必须在19：00收看新闻联播。这样，儿子的时间就更紧张了。

后来，爸爸帮儿子想了一个好办法。爸爸教儿子把当天要记忆的词语或者英语单词制作成小卡片带在口袋里。在公交车站等车的时候，默默地记忆。这样，在等车的十几分钟里，至少有十分钟的学习时间。然后，上车后，儿子可以继续在车上记忆词语，这样，又多了至少20分钟的学习时间。18：00到家后，爸爸让儿子马上复习当天学过的内容，把老师讲过的内容和做的笔记从头到尾地看一遍。

18：30，儿子又看上了喜欢的动画片。同时，爸爸妈妈争取在19：00之前做好晚饭，提早开饭。这样，孩子在吃晚饭的同时，可以收看新闻联播。19：30到20：30，照样是儿子的学习时间，这部分学习时间主要用来做当天的作业和预习第二天要学习的内容。

这样，儿子不仅把所有的事情都做完了，而且学习时间又增加了半个小时。

合理安排孩子的学习时间，就已经是在培养孩子珍惜时间的好习惯了。培养孩子珍惜时间的好习惯，家长可以参考以下几点：

（1）让孩子正确认识时间的价值

如果孩子对时间没有什么概念，也不知道时间对于他来说有什么用处，那他当然也就不会去珍惜时间。因此，父母应该通过某些事情或是某种途径来告诉孩子时间是最宝贵的，要学会珍惜时间。

（2）让孩子制定作息时间表

良好的作息习惯是养成时间观念的前提。父母可以和孩子一起制定一张作息时间表，什么时间起床，洗漱要多长时间，吃早餐要多长时间，放学后先做什么，然后做什么，几点睡觉等，都可以让孩子做出合理的安排。孩子往往分不清自己要做的事情的重要程度，父母可以指导孩子每天把自己要做的事情按照重要程度和紧迫程度排列顺序。

（3）教孩子有效率地利用时间

每个人都有生物规律，孩子也是如此。父母可以让孩子注意观察自己的特点，掌握自己的最佳学习时间，然后把重要的学习内容安排到最佳时间里去学习。

（4）多给孩子一些自由支配的时间

有些时候，孩子是因为父母把自己的时间安排得满满的，完全没有可自己自由支配的时间，才会不珍惜时间，做事拖拖拉拉的。因此，父母多给孩子一定的自由支配时间，让孩子去做自己想做的事，这样反而会帮助孩子更好地珍惜时间。

（5）父母对孩子要有适当的奖惩

对于没有时间观念的孩子，父母尽量不要干扰他的学习。如果孩子已经能够在一定的时间内保质保量地完成学习任务，父母就应该及时给予肯定和鼓励。当孩子没有按规定去做时，父母则必须给予应有的惩罚。

对于求学者来说，时间是知识；对于商人来说，时间是金钱；对于劳动人民来说，时间是硕果；对于孩子来说，时间就是未来。

# 启迪孩子感受时间的意义

首先要说明的是，如果我们大人本身对时间不重视，那么，也只能空洞地说教孩子，于是，"抓紧时间"就成了最正确的废话。孩子会因此感到困惑——为什么要抓紧时间？怎样才能"抓紧"？所以说，教育孩子管理时间，大人首先要从自身做起，给孩子做出一个表率，孩子耳濡目染，见样学样，久而久之，自然而然就会对时间有个力所能及的把握。

家长无时无刻不是孩子的榜样，如果我们想培养怎样的习惯与品质，那么我们家长首先必须要具备这种习惯和品质。吸收消化，先从我做起，让自己可以成为一个有时间观念的人，可以合理充分地利用时间。然后再去培养孩子，让孩子成为一个有时间观念的人。

当然，光凭榜样效应教育孩子管理时间，还是远远不够的。其实培养孩子时间观念的方法有很多，但归根结底，我们都要从让孩子感受时间开始。孩子只有对时间有了感觉，知道它是个什么东西，才能去管理它。

让孩子感受时间的方法有很多。对于学前的孩子而言，最重要的是让他们先对时间有个概念。

比如对于三四岁的孩子，在他们还没有能力看懂钟表时，我们可以做这些事情帮助他们体会时间：

领孩子观察钟表。比如："宝贝，去帮妈妈看看钟表的指针又偷偷走了多少？"这种带有游戏性质的训练，能够激发孩子的兴趣，他们会乐于按照妈妈的吩咐"完成任务"。一般来说，孩子要五岁以后才能真正读懂钟表，但现在可以让他们去观察。

对照手表，和孩子一起看一分钟时间有多长，试试看，你会发现一分钟的时间其实挺长的呢！

让孩子熟悉时间的基本概念：清晨、上午、下午、傍晚、前半夜、半夜、凌晨、去年、今年、明年……可以给孩子讲解，也可以让孩子猜现在是什么时候。当孩子一遍又一遍地问你："妈妈（爸爸），前半夜是什么时候？"不要不耐烦，耐心地给他解释，他懂了以后自然便不再问了。

给孩子报时更具体一些，比如，我们几点几分要做什么事，我们用了多少分钟做完了什么事。

跟孩子玩计时游戏。比如，"宝宝，我数 20 个数，看你能不能把玩具收拾好"、"我们来看看，今天宝宝穿鞋用了多少分钟，有没有比上一次快"……

给孩子讲时间带来的变化，比如，告诉他，他小时候是什么样子，怎样说话，怎样做事，有多高，帮他对照自己现在的变化。用回忆和展望未来去体验时间带来的变化。

让孩子对周、月、四季、年等宏观的时间概念有感受。给他讲四季的天气变化，需要穿什么样的衣服，可以做哪些游戏活动等，让他去想象。

给孩子时间期限的概念，比如食品的保质期，告诉他过了这个时间的食品不能食用；交电费的期限，告诉他过了这个时间不去交电费，就不能看动画片了，等等。进一步，适当给他的事情制定小小的期限。

让孩子知道准时、提前和迟到的概念。"哎呀，宝宝真棒，今天起床比平时都早啊！"

让孩子做事情有开始和完成的概念，要知道每一件事情什么时候是开始和结束，而不是这个事做一下，那个事情做一下，东一榔头，西一棒子。

而对于上了学的孩子，我们就应该引导他去体会时间的意义了，他们会从中得到启发，理解时间的重要性。


苏红是小学三年级班主任兼语文老师，她发现班里很多孩子缺少珍惜时间、自觉学习的习惯，马上要期中考试了，她占了孩子们一堂体育课，孩子们嘴噘脸吊，她生动有趣地讲了些关于时间的小故事给他们听，孩子们脸上的阴霾一扫而光，而且也知道珍惜时间了。

（1）寒号鸟拖延丧命

有一种小鸟，叫寒号鸟。这种鸟与众鸟不同，它长着四只脚，两只光秃秃的肉翅膀，不会像一般的鸟那样飞行。

夏天的时候，寒号鸟全身长满了绚丽的羽毛，样子十分美丽。寒号鸟骄傲得不得了，觉得自己是天底下最漂亮的鸟了，连凤凰也不能同自己相比。于是它整天摇晃着羽毛，到处走来走去，还扬扬得意地唱着："凤凰不如我！凤凰不如我！"

夏天过去了，秋天到来，鸟们都各自忙开了，它们有的开始结伴飞到南边，准备在那里度过温暖的冬天；有的留下来，就整天辛勤忙碌，积聚食物啦，修理窝巢啦，做好过冬的准备工作。只有寒号鸟，既没有飞到南方去的本领，又不愿辛勤劳动，仍然是整日东游西荡的，还在一个劲地到处炫耀自己身上漂亮的羽毛。

冬天终于来了，天气寒冷极了，鸟们都回到自己温暖的窝巢里。这时的寒号鸟，身上漂亮的羽毛都脱落光了。夜间，它躲在石缝里，冻得浑身直哆嗦，它不停地叫着："好冷啊，好冷啊，等到天亮了就造个窝啊！"等到天亮后，太阳出来了，温暖的阳光一照，寒号鸟又忘记了夜晚的寒冷，于是它又不停地唱着："得过且过！得过且过！太阳下面暖和！太阳下面暖和！"

寒号鸟就这样一天天地混着，过一天是一天，一直没能给自己造个窝。最后，它没能混过寒冷的冬天，终于冻死在岩石缝里了。

讲完这个故事，苏老师让孩子们相互讨论，勇敢发言：寒号鸟到底错在了哪里？

最后她总结道：那些只顾眼前，得过且过，不做长远打算，不付出辛勤劳动去创造生活的人，跟寒号鸟也没多大区别，早晚会受困于自己的拖延和懒惰。孩子们纷纷表示，一定要和寒号鸟划清界限，绝不做它那样的人。

（2）谁扛走了富翁的"箱子"

一位富翁买了一幢豪华的别墅。从他住进去的那天起，每天下班回来，他总看见有个人从他的花园里扛走一只箱子，装上卡车拉走。

他来不及叫喊，那人就走了。这一天他决定开车去追。那辆卡车走得很慢，最后停在城郊的峡谷旁。

陌生人把箱子卸下来扔进了山谷。富豪下车后，发现山谷里已经堆满了箱子，规格式样都差不多。

他走过去问："刚才我看见你从我家扛走一只箱子，箱子里装的是什么？这一堆箱子又是干什么用的？"

那人打量了他一番，微微一笑说："你家还有许多箱子要运走，你不知道？这些箱子都是你虚度的日子。"

"什么日子？"

"你虚度的日子。"

"我虚度的日子。"

"对。你白白浪费掉的时光、虚度的年华。你朝夕盼望美好的时光，但美好时光到来后，你又干了些什么呢？你过来瞧，它们个个完美无缺，根本没有用，不过现在……"

富豪走过来，顺手打开了一个箱子。

箱子里有一条暮秋时节的道路。他的未婚妻踏着落叶慢慢走着。

他打开第二个箱子，里面是一间病房。他的弟弟躺在病床上等他回去。

他打开第三个箱子，原来是他那所老房子。他那条忠实的狗卧在栅栏门口眼巴巴地望着门外，已经等了他两年，骨瘦如柴。富豪感到心口绞疼起来。陌生人像审判官一样，一动不动地站在一旁。富豪痛苦地说："先生，请你让我取回这三个箱子，我求求您。我有钱，您要多少都行。"

陌生人做了个根本不可能的手势，意思是说："太迟了，已经无法挽回。"说罢，那人和箱子一起消失了。

孩子们觉得这个故事非常有趣，但对其中的寓意却似懂非懂，苏老师耐心地对他们说：这个寓言故事告诉我们时间会在不知不觉的时候溜走，而当我们觉醒时，往往已经晚了。所以，我们要善于利用每一天的时间，提高人生的效率和质量。时间弥足珍贵，我们不能绝对地延长寿命，但可以通过善用时间的好习惯，来相对地将生命延长。

（3）爱迪生的故事

爱迪生只上过三个月的小学，他的学问是靠母亲的教导和自修得来的。他的成功，应该归功于母亲自小对他的谅解与耐心的教导，才使原来被人认为是低能儿的爱迪生，长大后成为举世闻名的"发明大王"。爱迪生从小就对很多事物感到好奇，而且喜欢亲自去试验一下，直到明白了其中的道理为止。长大以后，他就根据自己这方面的兴趣，一心一意做研究和发明的工作。他在新泽西州建立了一个实验室，一生共发明了电灯、电报机、留声机、电影机、磁力析矿机、压碎机等总计两千余种东西。爱迪生的强烈研究精神，使他对改进人类的生活方式，做出了重大的贡献。"浪费，最大的浪费莫过于浪费时间了。"爱迪生常对助手说，"人生太短暂了，要多想办法，用极少的时间办更多的事情。"一天，爱迪生在实验室里工作，他递给助手一个没上灯口的空玻璃灯泡，说："你量量灯泡的容量。"他又低头工作了。过了好半天，他问："容量多少？"他没听见回答，转头看见助手拿着软尺在测量灯泡的周长、斜度，并拿了测得的数字伏在桌上计算。他说："时间，时间，怎么费那么多的时间呢？"爱迪生走过来，拿起那个空灯泡，向里面注满了水，交给助手，说："里面的水倒在量杯里，马上告诉我它的容量。"助手立刻读出了数字。爱迪生说："这是多么容易的测量方法啊，它又准确，又节省时间，你怎么想不到呢？还去算，那岂不是白白地浪费时间吗？"助手的脸红了。爱迪生喃喃地说："人生太短暂了，太短暂了，要节省时间，多做事情啊！"

这个故事说明什么呢？苏老师告诉同学们：人的生命是由时间构成的。生命的品质就在于我们如何充分利用时间。因为任何事情的发生都会与时间有关，你的时间用在什么地方，得到的就是什么东西。虽然我们不能左右时间前进的步伐，但是我们可以让时间发挥到最高价值。

苏老师的方法是很值得家长们借鉴的。家长们可以根据自己的实际情况，去启迪孩子感受时间，认识时间的意义。让他们知道，时间是一种支援，是一种可以像银行存款一样提出支配的东西。我们谁都不能生产时间，只能越提越少，所以要珍惜使用。

我们还可以让孩子去分析相同的时间，做不同的事情，所带来的不同的价值，让孩子明白每个人的时间是均等的，关键在于我们如何去利用它。

我们可以跟孩子一起设想一些关于时间的荒唐问题，比如，假如你每天比别人多出两小时、假如你有星期八、假如你可以买到更多时间、假如你可以做时间旅行、假如你可以把时间作为礼物送给别人……让孩子从不同角度认识时间。

# 和孩子一起改变心理时间

　　我们都有过这样的体会，当我们做自己喜欢做的事情时，时间过得最快，内心感受也是最愉悦的。人物传记中不乏这样的情节，许多天才人物像玩似的，就达到了一般人达不到的高度。这些人的创造是非常快乐的，既享受了过程，又享受了结果。

　　那么，为什么他们的成功看起来如此轻而易举呢？除了先天的天分和后天的努力外，兴趣也是不可忽视的因素。一个人在做他喜欢做的事情时，内心的阻力是最小的，甚至可以说没有阻力。孩子也是一样，如果他们对一件事情有兴趣，完全沉浸其中的话，心中就没有排斥感，就不会拖延。这再次印证了我们耳熟能详的那句话：兴趣是最好的老师。

　　兴趣可以提升做事的效率，更重要的是，它关乎生命的质量。道理很简单，如果能够一直从事自己有兴趣的事情，内心会感到充实而愉悦，这样的生命历程自然洋溢着幸福感。相反，如果被迫做事，做自己不喜欢的事，时间就会过得很慢，做事的过程让人备感煎熬。经历这样痛苦的过程，就算最后取得了些小成绩，也算不得完整的胜利。那么无论大人和孩子，提升效率的核心方法，都是培养兴趣。

此外，心理预期也会影响心理时间。通常，心理预期与时间的实际变化是相反的。我们都有过这样的感受吧？上学时盼着下课，就感觉时间过得很慢。家长们也常陷入这个误区，越是希望孩子快一点，结果总是觉得他们慢。

前文我们提到过，孩子磨蹭的一个重要原因，就是因为家长的催促。越急躁的家长，其实往往越容易培养出慢性子的孩子。其实，孩子没有时间观念、不懂得时间管理，并不全是孩子的错。

菲菲今年上小学了，可还是改不了磨磨蹭蹭的毛病。每次都得磨蹭到将近七点才勉强穿好衣服，又在妈妈的催促下洗脸刷牙，三口并作两口地吃饭，有时时间太紧了，甚至需要妈妈喂饭才能准时出门。就这样，她还经常踩着预备铃才能进入教室。最近，菲菲又一次因为出门太匆忙，忘带了语文书和练习册，整整一天都没有上好课，但她依然没有长记性。"每天要写两个多小时的作业，我一问老师，才知道他们作业根本不多，其他同学半个多小时就写完了。"菲菲妈妈对彤彤妈说，"写完学校的作业还有教辅上的练习题，这要是都写完得几点了？这孩子就是不着急……"

从菲菲妈"连珠炮"般的语速中，我们可以看出她是个急脾气。

只听彤彤妈问她："你有没有试过不催孩子，让她自己做完这些事呢？"

"那怎么可能？我催她她还这么磨蹭呢？不催她不就迟到了吗？"菲菲妈说。

"偶尔迟到又能怎么样呢？"彤彤妈问出这话后，菲菲妈一时语塞。彤彤妈又问："那你在孩子上学之前有没有试过不催她，让她自己做一些事情呢？"

"好像还真没有……你是不知道啊，这孩子做事有多磨蹭，看了就着急呀……"

听着菲菲妈不停地抱怨，形形妈忍不住打断她："菲菲这个慢性子，可能是因为你造成的。"

把握时间，这正是孩子需要学习的内容，而大人急于求成的心理状态往往干扰了孩子。如果我们想让孩子有合理的时间观念，双方都要降低心理预期，不要太急躁，我们越希望快，心理时间就越慢，这便是"欲速则不达"的道理。

而且，心理预期会干扰我们正常的判断，有时候我们觉得孩子很慢，其实如果你能耐下心来完整记录孩子一天做各项事务所用的时间，就会发现，孩子其实并不慢，只是我们自己太急躁，不知不觉用成年人的速度衡量孩子。事实上，有很大一部分"没时间观念"的孩子，都是大人不恰当的时间观念"制造"出来的。

家长的催促、说教、责备，甚至是打骂、恐吓这些手段，虽然能增加孩子的紧迫感，但破坏了孩子的心理时间，增加了心理阻力，结果就是越催越慢、越慢越催。

有些孩子，原本心理时间已经很慢，比如一让他做某些事他就有种度日如年的感觉，这个时候如果继续催促、责骂，只会继续拉长孩子的心理时间。爸爸妈妈们应该对此有所重视，不要陷入教育的误区，我们不妨重新寻找对策，采用正强化的方式，去发现孩子的细微进步，并及时予以肯定。

有位妈妈的育儿经验就很值得我们借鉴，大家一起来看一下：

今天中午吃午饭的时候，我问孩子："你说妈妈如果活到80岁，能活多少天呢？"我刚说完，孩子就在那儿算开了，然后兴冲冲地告诉我："妈妈你如果活到80岁的话，大约可以活两万八千多天，再折算成小时，就是六十九万多个小时呢。不过我希望妈妈能活到100岁！"大家看，三言两语孩子就温习了一遍算数，根本不用去逼他学习，无形中还增加了母子感情。我觉得这正是个可以让孩子认识时间的好时机，然后对他说："你已经十岁了，你想想自己来到这个世界上有多少个小时了？这十年的光景一晃就过去了，你再也回不到小时候了，所以我们不能浪费时间啊。"孩子调皮地把时空隧道搬出来，虽然他嘴上没有承认，但我知道，他应该是明白了。

最近，我常和孩子算一笔时间的账，一天下来，学习用多少时间，看电视用多少时间，用电脑多少时间，看书多少时间，让他自己看得清清楚楚，所以一些无理的要求，不用我说，他自己不提也不做了。我想当孩子正确认识时间，明确知道在一天里我们做各自事所用的时间，让孩子心里有一笔账后，应该就不会去浪费时间了。

这个方法也许不会立竿见影，但绝对可以春风化雨，慢慢改变孩子的心理时间。孩子做事磨蹭，我们需要一些规则来约束，但最根本的，还是发现他们的乐趣所在，增强孩子的成就感和愉悦感。

家长们要认识到，适度为孩子增加紧迫感是正确的，因为孩子在六岁以前，缺乏对时间的认知是很正常的，需要我们不断引导和提醒。但是这种紧迫感不能过度，因为孩子的专注力本来就不如成人，如果在孩子做前一件事时就催促他赶紧做下一件事，甚至用更多事情来让他快一点，孩子的注意力反而会被分散，甚至在紧张之下不知道做什么，把手上的事情做得一团乱。连大人都不喜欢在自己专心做某件事的时候，有人在耳边叨叨"你要做这个"、"你要做那个"……更别提孩子了。

# 教孩子分清主次，知道轻重缓急

有一个年轻人，去参加汽车公司销售顾问的招聘。招聘内容非常简单，要求每个应试者做一份试卷，主考官说主要是想看看大家的综合知识水平如何，希望大家认真对待。答题时间只有20分钟。当试卷发下来时，大家都愣住了。试卷上是密密麻麻的内容，而且题目很广泛，有天文地理、哲学艺术……但这么短的时间，是根本不可能完成的。年轻人完全不知从何下手，匆匆看了一遍试卷，却发现试卷中只有最后两题是与汽车销售有关的。在仅有的时间内，年轻人只选择了这两道题，便交了试卷。几天后，他收到了公司的录用通知。报到那天，主考官对他说："你是所有求职者中答题最少的，但你做了要做的，你是一个能够分清主次，会动脑子会做事情的人，所以我们看中了你。"

年轻人的成功，在于他分清了主次，选择了最重要的去做。在孩子日后的生活中，他们常常会遇到类似的人生"试卷"，他们没有办法全部做完，所以作为父母，从小我们就要教会他们分清主次，选择做其中最重要的部分，那些不重要的事，即使做了，也不过是无用之功罢了。分清主次，才能提高效率！

干大事的人就要雷厉风行，家长应该尽量让孩子变得能够独当一面，同时，让孩子明白什么事情是重要的，什么事情是次要的，千万不要避重就轻，更不要让孩子养成不分主次的习惯。毕竟孩子的精力是有限的，并不是所有的事情都需要孩子去关注。家长想要让自己的孩子变得更加的优秀，自然应该教会孩子在有限的时间内，完成主要的事情。

一个孩子的思维如果分不清主次，到关键时候就把握不住机会，到了市场经济条件下，分不清主次的孩子，他怎么能成功呢？

莉莉回到家后，马上把电视机打开，但是，动画片的片尾曲响起来了，动画片结束了。本来被老师留在教室里做作业，莉莉心里已经很难过了，这次，连她最喜欢的《名侦探柯南》也错过了，莉莉伤心地哭了起来，并向妈妈抱怨说："我觉得自己已经尽力了，可是每天的事情太多了，要写作业、看电视、复习功课，还要帮妈妈做家务、锻炼身体……我觉得时间太不够用了……"莉莉的生活一直杂乱无章，这种情况一直持续着，她没能考上理想中的大学，工作成绩也一直勉勉强强，差强人意。

一个人在生活中常常会被各种琐事、杂事所纠缠，就会被这些事弄得精疲力尽，心烦意乱，总是不能静下心来做最该做的事；或者是被那些看似急迫的事所蒙蔽，根本就不知道哪些是最应该做的事，结果白白浪费了大好时光。一个人如果分不清事情的轻重缓急，把精力分散在微不足道的事情上，那么重要的工作就很难完成。我们的孩子也是一样的，如果不能分清主次，做事没有计划，就会像莉莉一样把自己整得像一团乱麻，筋疲力尽，时间不够用。所以说做事必须要有轻重缓急，才能把事情做得更妥当、更完美。因此，父母要引导孩子做事分清主次，要有一份明晰的计划，懂得什么事是要事，什么事情该优先做。

一位母亲的教子经验是这样的：

儿子最爱看的动画片是《恐龙世界》。对他来说，看《恐龙世界》是生活中不可或缺的事，只要一听到这部卡通片的主题音乐，他就会立刻跑到电视机前，认真地盯着屏幕，沉浸在剧情中。

儿子有一个很不好的习惯，就是喜欢赖床，每每都要我千呼万唤才肯起床。每天早上，闹钟响了半天，动作超慢的儿子才磨磨蹭蹭起来穿衣服，我看在眼里，急在心上。

后来，电视台做了节目调整，把《恐龙世界》放在了早上 6：30 播出。儿子心爱的动画片改时段了，他怎么有时间看呢？正当我怕他哭闹的时候，儿子却说："那以后每天早上我都用《恐龙世界》的主题曲当闹铃吧！电视台可真聪明，一定有很多妈妈很开心，从明天开始，你就不用再为叫我起床而犯愁了。"

我提醒他说："看完动画片还要换衣服、梳洗，怎么来得及？"

儿子想了想，说："头一天晚上，我就把书包整理好，放在门口，要换的校服就放在电视机前，我起床以后可以一边看电视，一边穿衣服。妈妈你别担心，我不会再拖延时间了！"从这以后，儿子果真不用我催促了。

其实，分清主次轻重，并不是说每天只拣重要的事情做，而完全忽略其他事。而是引导孩子分辨出哪些事是最重要的，并优先完成，哪些事是次要的，可以根据自己的兴趣、时间来做合理安排。

对于生活中繁杂的事情，爸爸妈妈应引导孩子按重要性和紧急性来确定先后顺序，例如先集中精力做大事，若有闲余时间再处理小事杂事，这样按照事情的轻重缓急进行全面的时间管理，就不会出现忙乱无功的状况了。

当然，刚开始的时候，孩子可能会出现拿不定主意的情况，这就需要家长们耐心引导他们做出判断，将复杂的事情一一分类，排列出优先顺序，再逐一解决，久而久之，孩子就能够逐渐学会分清主次了。

# 教孩子从小学会守时守信

人与人合作的基本前提之一就是要守时守信。守时守信的孩子，别人很愿意与他合作。

守时守信的孩子更受人欢迎，更容易获得社交的成功。父母可以从以下几方面着手培养孩子的守时守信：

（1）说到做到

父母应该教育孩子对别人要讲信用，负责任，答应别人的事要兑现；如果经过再三努力仍没有做到，应诚恳地对别人说明原因，并表示歉意。告诉孩子在答应别人之前，要慎重考虑自己有没有能力和把握做到，对不能做到的，就不要轻易答应；对比较有把握做到的，应留有余地，不要大包大揽。

（2）培养时间观念

守时就是要求孩子有良好的时间观念，而培养孩子良好的时间观念，养成不拖拉的好习惯，应该从小抓起，让孩子在很小的时候就知时间宝贵，懂得按时作息。同时，要帮助孩子严格遵守时间，如画画游戏、做作业等要按时进行，按时结束。纵使孩子与朋友的约定没有什么价值，也要令其遵守。孩子必能在这些小小的约束中，学习到如何以自己的力量管理自己的行为。久而久之，孩子面对任何事情都会守信践诺，并且认为那是一种自律精神。

（3）及时鼓励

当孩子守时守信时，不管事情多么微小，父母都要及时鼓励褒奖，相反便要加以苛责。要让孩子懂得，在人际交往中守时既是对对方的重视和尊重，也是约束自己的基本要求，是懂礼貌、有教养、威信高的最直观的表现。

# 别让"有一天"一直不能到来

在一家诊所的候诊室，一个年轻的母亲和她的孩子坐在那里。孩子突然问妈妈："妈妈，有一天是什么时候？"。妈妈没听清楚："什么是什么时候？"

"有一天！"

"你为什么问这个？"

"哦，因为你经常答应我说'有一天会如何如何'，所以我想知道有一天什么时候会来到？"妈妈思考了片刻，试图找出答案以满足孩子的好奇心。"它会在某一时间、某一地点以某种方式出现。"母亲微笑着回答道。

"妈妈，我知道了，看起来有一天绝对不会来到。"

"不，它会来的，我相信它会。"妈妈以严肃的口气说道。顿时，候诊室又陷入了寂静之中。

爸爸妈妈们请回想一下，生活中我们是不是也常对孩子许诺"有一天"，比如"有一天我们会去野营"等等，但"有一天"从未来到过。

"明日复明日，明日何其多？我生待明日，万事成蹉跎。"我们为孩子的拖延头疼不已，一再要求他们今日事今日毕，可是又有多少家长可曾想过，我们可否为孩子做好了这个表率？我们又有多少的"有一天"没有兑现。

其实家长和孩子之间，也需要有一种契约精神。

契约就是双方经过谈判，都表示同意的一种对双方均有约束力的约定，可以是口头的，也可以是书面的。双方必须遵守，不得违反约定。契约的本身带有一种平等的性质，是建立在双方都同意的基础上的。有些父母为了改正孩子拖延的毛病，会口头许诺一些或精神或物质上的奖励，但往往当孩子真的做到了，做父母的却又忽略了当初的许诺。这种情况下，孩子就会觉得爸爸妈妈说话不算数，答应了条件又变卦取消。父母子女之间因此形成对立的局面，孩子会觉得自己的努力毫无意义，因而恢复原状，甚至故意唱反调，父母越不喜欢他就越拖延。

有一位母亲说了这样一个故事：记得在一个星期六的晚上，我们答应儿子在星期天带他去他的好朋友家玩儿，当时儿子高兴得连蹦带跳着喊起来："噢，明天要玩儿去了……"可是到了星期天，因家里有事，尽管我一再给儿子说爸爸、妈妈没空，以后再带你去，儿子仍然很委屈地说："那次你们就说带我去的，这次又骗我……"

看着儿子那失望的眼神，一种难以言状的自责，一种对孩子的愧疚感涌上心头，作为一名母亲，我应守信誉，不能不遵守诺言，于是我对儿子说："好吧，儿子，等妈妈把事办完一定带你去，即使晚点也一定去。"

我们在许多场合，经常看到一些跟父母斗气的孩子，父母让他做什么他偏不做，父母让他快他非要慢，可能就是因为父母的许诺没有兑现。有的孩子会气愤地说："妈妈骗人，爸爸骗人。"

大量的事实证明，为人父母者须切记：做不到的事绝不要乱许诺，平时不要轻易许诺。有的父母为迎合孩子的心理，不论孩子要求什么都一一答应，今天一块巧克力，明天一块棒棒糖。而当许诺不能兑现时，孩子就会认为你说话不算数，对你失去信任和尊敬，渐渐地不听你的许诺，或者模仿着来对待你，甚至养成说谎的习惯。为培养孩子的优良品格，请父母对孩子也要遵守诺言。

事实上，利用契约形式来督促孩子改掉拖延的毛病，是个非常不错的方法。这种方法既可以规范孩子的行为，也可以规范父母的教育方式，因而能够建立起父母与子女之间的一种正常关系。建立这种关系可以培养孩子的公平和公正意识以及遵从正确教导的行为习惯。这种关系一旦建立起来，孩子的很多坏毛病，比如任性、固执、拖延、懒惰等，一般都会得到很好的改善。实践证明，很多自己管不住自己的孩子常常都通过订立条约而解决了很多难以解决的问题。

只是使用这种方法，父母必须要讲信用，这是前提，另外也不要变向地为难孩子，否则孩子是很"伤心"的。


北京有一位六年级的女学生在一篇题为《累人的零花钱》的作文中这样写道：爸爸妈妈说好每个月给我五块钱零花，当时我的心里是很高兴的。可是后来才发现，要把这五块钱"挣"（我实在是只能用这个词了）到真不容易。父母给我这五块钱是有条件的——一个月不迟到早退，做作业要快速，积极做家务，搞好个人卫生……

这些事情都是应该办到的，可是要百分之百就不是那样的容易了。特别是要听"父母的话，父母叫干什么就干什么，不能有半句怨言"，这就太难为人了。

到了星期天，妈妈的话特别多，一会儿叫干这样，一会儿又叫干那样，刚想看一会儿电视，"命令"又下来了："洗碗去！"只要稍微慢半拍，妈妈就会立即说："这个月的零花钱是不是不想要了？！"刚一拿起卡通书，妈妈又发话了："做功课去！"这五块钱对我还是有"诱惑力"的，所以只好"忍气吞声"照办，因为我还想着有这钱去买我早就想得到的东西，比如课外书、文具，还有一块巧克力……

可是我每个月的计划总是落空，因为我实在无法完全达到父母的要求。

特别是昨天，一个月的最后一天，看着这"诱人"的五块钱就要到手了，可是意外的事情还是发生了：我在拉窗帘的时候由于用力过大，把窗帘钩给拉断了。这一下我可犯下了"滔天大罪"，父亲亲自出面，把我整整数落了一个小时，并当场宣布取消我一年的零花钱，因为父亲说修窗帘钩起码要花 100 块钱。我沮丧极了，自己居然犯了这么大的错误。

今天，修窗帘的工人来了，我在屋里听到爸爸与人家讨价还价，最后以 20 元钱成交。原来爸爸说的 100 块钱是为了吓唬我……

我好伤心：不想给我零花钱就直说吧，何必这样转弯抹角，何必找我这么多茬！

真想问问这个孩子的父母，这样做到底累不累？我们不敢说这个孩子的话就是"对"的，但是作为父母，对待一个六年级的学生未免太苛刻了吧。设置奖励，就应该让孩子有可能得到。如果那奖品高不可攀，对孩子又有什么鼓励作用呢？难怪孩子这样"义愤填膺"，发表"檄文"声讨父母。

事实上，有的孩子做事拖拉就是对父母的软性对抗，他们用拖拉来表示不满，拒绝合作。因此，父母要清楚孩子这样做是否在于自己家庭教育方式的不恰当。父母不要一味地责问孩子，而是要听听孩子的心声，经过共同探讨协商，才会有助于孩子做事效率的提高。

# Part 09

## 执行力强化：让孩子
## 自觉自发行动

　　为什么孩子有时这么不听话？说一遍他没听见，说两遍还是该干吗干吗，说三遍、四遍，终于妈妈火冒三丈，一巴掌打在他小屁股上……这时他才赶紧照做。事实上，许多孩子拖延，不是思考力不行，而是执行力不行。这是一个个细节处理的累积，也是对家长的严峻考验。

# 增加孩子的紧迫感

小王的儿子今年读小学三年级，他非常聪明，可就是不能集中心思在学习上。上课慢慢悠悠不着急，写作业能等就等，办起事来拖拖拉拉，喜欢写一会儿作业，起来东走西走，别的孩子一个小时能完成的作业，他总要花上两三个小时，这让小王非常着急。

为此，他也想过各种办法，还专门抽出时间陪孩子写作业，可是孩子每写一会儿必围着屋子溜达一圈，有时在爸妈的强压之下不能起身，勉强埋头写作业，可是只要大人一离开房间，孩子立刻我行我素。小王工作也比较忙，不能每天都专门陪读，所以孩子的毛病一直没有改进。

后来，小王参加了一个教育培训，里面的老师建议他跟孩子来个约定：承诺孩子做作业若能节省下时间则由他自由支配，并要求孩子九点钟必须停止写作业，不管是否完成，如果不能完成，就心甘情愿接受老师的批评。结果，孩子做功课的速度明显提高了很多。

缺乏适度的紧张感是许多孩子做事磨蹭的重要原因，所以，爸爸妈妈不妨在孩子的生活中"制造"点紧张气氛，让孩子的神经绷紧一些，使孩子的生活节奏加快一些。适当让孩子保持一种紧迫感有利于孩子集中注意力，对自己所从事的工作保持专注。

时间对每个人来说都是平等的，谁有紧迫感，谁珍惜时间，谁勤奋，谁就可以得到时间老人的奖赏。童年、少年正值人生的开端，如初升的太阳，是学习的黄金时段。然而，孩子们由于年龄尚小，还不知道人生的目标和使命，没有时间的紧迫感，也不会科学地利用时间。教会孩子合理、充分地分配利用时间，是父母的一项重要任务。

那么应该如何给孩子增加紧迫感呢？

（1）给孩子定个期限

比如可以这样对孩子说："你可以不着急，但你必须在晚上九点钟之前完成作业，如果完不成，你知道老师一定会批评你"；"如果你今晚睡觉前不能把房间的卫生收拾好，那么周末继续，游乐园我们就不去了"等。以此增加孩子的紧迫感，慢慢地让孩子形成自律。有了明确的任务，孩子学习做事就有了压力，才能保持紧张状态。

（2）给孩子适当奖励

当孩子能够按时完成父母交代的事情时，家长不仅要从言语上加以表扬，还可以辅助一些其他奖励。孩子只有感到"快"对自己有好处时，他才能够"快"得起来。比如做作业磨蹭的问题，许多家长在孩子完成了学习任务以后，又给孩子增加额外任务，老师布置的作业做完了，家长的一大堆作业还在那里等着，孩子心不甘情不愿，但大人的话不敢不听，于是就想出了磨蹭的招数。这个问题解决的最好方式就是，不要老对孩子层层加码，要把孩子节约出来的时间还给孩子，在孩子较快完成了任务之后，孩子可以用省下来的时间做一些自己感兴趣的事情。

（3）教孩子科学用脑，提高效率

人的大脑用的时间长了，就会变得迟钝，这时要适当地休息。一般大脑持续工作一个小时左右，就会疲劳，此时仍然用功的话，学习效率是很差的。

不同学科在大脑中使用的脑区是不同的，例如抽象思维主要在左脑，形象思维主要在右脑。因此，父母可以教导孩子交替学习，使大脑各部分轮流休息。同一天时间中，早晨、上午精力充沛，要让孩子努力抓紧学习较难的功课，解决较复杂的问题。

（4）用"倒计时"给孩子点压力

给孩子布置些硬性任务，要求必须在某个时间内完成，例如，在一个月内必须完成的事情，算算还有多少天，要规定每一天要做多少，当天没有完成的话，就要及时补上。如果不能按时完成，就必须接受惩罚。

# 激发孩子的竞争意识

管理学上有一个"鲇鱼效应"，其实在家庭教育中同样适用。

鲇鱼，一种生性好动的鱼类，其本身并没有什么十分特别的地方。然而自从有渔夫将它用作保证长途运输沙丁鱼成活的工具后，鲇鱼的作用便日益受到重视。

　　沙丁鱼，生性喜欢安静，追求平稳。对面临的危险没有清醒的认识，只是一味地安逸于现有的日子。渔夫聪明地运用鲇鱼好动的作用来保证沙丁鱼活着，在这个过程中，他也获得了最大的利益。

　　挪威人喜欢吃沙丁鱼，尤其是活鱼。市场上活鱼的价格要比死鱼高许多。所以渔民总是想方设法地让沙丁鱼活着回到渔港。可是虽然经过种种努力，绝大部分沙丁鱼还是在中途因窒息而死亡。但却有一条渔船总能让大部分沙丁鱼活着回到渔港。船长严格保守着秘密。直到船长去世，谜底才揭开。原来是船长在装满沙丁鱼的鱼槽里放进了一条以鱼为主要食物的鲇鱼。鲇鱼进入鱼槽后，由于环境陌生，便四处游动。沙丁鱼见了鲇鱼十分紧张，左冲右突，四处躲避，加速游动。这样沙丁鱼缺氧的问题就迎刃而解了，沙丁鱼也就不会死了。这样一来，一条条沙丁鱼活蹦乱跳地回到了渔港。这就是著名的"鲇鱼效应"。

　　"鲇鱼效应"对于"渔夫"来说，在于刺激手段的应用。渔夫采用鲶鱼来作为刺激手段，促使沙丁鱼不断游动，以保证沙丁鱼活着，以此来获得最大利益。在家庭教育中，爸爸妈妈同样可以引入"鲇鱼效应"，刺激孩子快起来。

　　对孩子来说，他们没有接触社会的经历，自然感受不到紧张气息。但是，孩子要长大，一个作风拖拉的人是无法在竞争社会立足的。对此，从小训练孩子主动把握现实的能力和智慧是根本。具体做法是：适当增加生活的紧张气息，启发诱导孩子的竞争心理，提高他们的灵敏度，改变磨磨蹭蹭的现状。

　　竞争的力量会让一个人发挥出巨大的潜能，创造出惊人的成绩。如果不鼓励孩子参与竞争，就很难开发他们的潜能。事实上，有些孩子确实需要竞争的刺激才能把潜能充分发挥出来，如果把握正确，竞争意识可以成为孩子尽力把事情做好的动力。

加拿大一位享有盛名的长跑教练，短时间内培养出了多名长跑冠军。人们四处打探他的成功秘诀，结果却让大家颇感意外。原来秘密就在于他有一个神奇的陪练，这个陪练不是人，而是一匹凶猛的狼。

为了使运动员始终保持竞技状态，作为每天训练的第一课，这位教练一直要求队员跑步到训练场，不能使用任何交通工具。有一名运动员的家距离训练场并不远，但他每天几乎都是最后一个到场。教练准备放弃他，劝告他早些改行，以免浪费自己的时间。

突然有一天，这名队员竟然比其他人早到了20分钟。教练根据他离家的时间进行测算，惊奇地发现其速度已经打破了世界纪录。于是，他向队员详细了解情况。

原来，这名队员在离家不久经过一段五公里的旷野时，遇到了一匹野狼。野狼拼命地追，吓得他在前面拼命地跑，直到将野狼远远地甩在后面。

打破世界纪录仅仅是因为一只野狼，因为后面有一个可怕的敌人，是敌人将人的全部潜能最大限度地激发了出来。教练对此颇有所悟。不久，教练就请了一个驯兽师，带来几匹狼，每到训练时刻，就将狼从笼子里释放出来，追赶运动员，结果队员的成绩有了很大的提高。

上述教练之所以能够取得成功，是因为他掌握了一个道理，即竞争的力量能让一个人爆发出最大的潜能，创造出惊人的成绩。因为，竞争对手就在你面前，如果你不努力，你的生命就会有危险。同理，孩子在成长的道路上也是如此，如果缺乏竞争力，最后只能被他的竞争对手打败。

那么，父母应该如何有效地培养孩子的竞争意识呢？

（1）有意识地诱导孩子的竞争心理

让孩子经常和小伙伴展开竞赛：比速度、比勇敢、比仔细等，让孩子在竞争中逐步认识到自己的能力，养成敏锐捕捉信息并做出反应的思考力和行动力。在家，也可以常开展有益的亲子竞赛，通过胜负交替，锻炼了孩子的心智，也提高了灵敏度。

（2）给孩子找个同学做目标

在孩子的班里给他找一个合适的目标，引导孩子去跟他比试。就拿做作业来说，爸爸妈妈可以"有意无意"地对孩子提起："我听老师说你们班里的某某同学作业做得又快又好，不知道你能不能也做到这样。"孩子接收到这种心理刺激，就会下意识地去赶超对方，当他们觉得自己超过对方的时候，甚至会换一个更好的同学作为目标比赛。

（3）在游戏中潜移默化培养竞争意识

利用一些有趣的小游戏，比如，和孩子比赛拣黄豆。放一盆大米在桌上，里面掺些黄豆，妈妈和孩子比赛谁拣得快而准，爸爸在一旁数数，数到100时，双方停止。经常做这类竞技类游戏，可以锻炼孩子做事时神经的充分兴奋和精神的高度集中，培养做事高效的习惯。

（4）注意克服孩子的自卑感

这是孩子愿意持续竞争的保证。当孩子在竞争中遭受失败或挫折时，爸爸妈妈要正确引导孩子分析失败的原因，正确面对失败的事实，帮助孩子总结经验教训，调整竞争目标，寻求更有效的竞争方法，以备下一次竞争中能够扬长避短、趋利避害，取得成功。

（5）使孩子树立"努力做到最好"的信念

要让孩子知道，胜利者，强者、伟人不是独一无二的，每个人都可以做到。要相信自己只要坚定信念，也可以在自己的领域做到最好。如果一个人毫无追求，对一切都感到很满意，那就谈不上为"做到最好"而奋斗了。

在这个竞争越来越激烈的社会，父母的精心呵护只能使孩子慵懒柔弱，没有活力，经不起一点打击，缺乏竞争的动力与激情。如此下去，当孩子走上竞争激烈的社会时，肯定会因能力不足而被社会淘汰。到那个时候，恐怕父母也回天乏术了。所以，要想让孩子适应竞争激烈的现代社会，父母就应该从小培养孩子的竞争意识。

需要强调的是，父母在培养孩子的竞争意识时，切忌一味向孩子强调竞争的重要性而忽略了其他方面的教育。否则，孩子有可能会过分关注自己在学业上的发展，看重自己的考分、名次。这是一种消极的竞争心理，它会导致孩子既不能正确地评价自己，又不能客观地评价别人，往往因自己取得一点成绩而沾沾自喜，或因一时失败而自暴自弃，或因别人的成功而失去自信，或因别人的失败而幸灾乐祸。

# 不要总是替孩子的拖延埋单

在不少家庭都有这样的情况：孩子的作业拖到很晚，父母也会陪着孩子完成，有些父母甚至亲自上阵帮孩子解决难题；孩子磨磨蹭蹭，眼看上学就要来不及了，父母也会想方设法把孩子准点送到学校……父母爱子心切，总是想法设法帮孩子减少因为拖延而带来的后果，为孩子的拖延行为埋单。

要知道，无论你看起来多么严厉，如果经常扮演救生员的角色，孩子就没有办法体会到"拖拉"这个行为带来的后果，导致他们错误地认为这种恶习似乎并没有什么大不了的，久而久之，就会把大人的帮助视为理所当然。

我们来看看一位家长的亲身经历：

那天公开课，我们这些家长受邀去旁听。因为去得早，女儿便在休息区找了张桌椅写起作业来。这时又来了位小姑娘，和女儿打了声招呼，便挨着女儿坐下了，她长得可真好看，两条弯弯的长辫，两只大眼睛忽闪忽闪地好像会说话。女孩坐下后闲着无事就随意翻着书，翻了一会儿就坐在那里发起呆来。旁边的一位家长大概认识这个女孩，便问她："莎莎，你妈妈怎么没来啊？"女孩撇撇嘴，不高兴地说："她忘记给我拿语文书和练习册了，回去取了，她总是这样，啥都忘。""哦……"旁边那位家长意味深长地似叹气般地回应了一个字，然后就不再说话了。

离上课还有十分钟，孩子们陆续走进教室，家长们则坐在最后两排旁听。老师的课讲得很生动，孩子们也热烈地与老师互动着。课讲到一半，有敲门声，老师打开门，一位家长拿着书本快速走到那个叫莎莎的小女孩旁边："宝贝，快！给你书！"女孩低声埋怨了一句："妈妈，你怎么才来呀，都上课半天了。"那位家长没出声，一脸尴尬与愧疚，低头快步走到后两排落座。

下课后，女儿收拾课桌在门口等我，我来到门口时，恰巧看见那个叫莎莎的小姑娘在和她妈妈说话。

妈妈问："宝贝，你的练习题都跟上了吗？"

"没有，前面的我都没跟上，我没有练习册啊！"

"你可以和旁边的同学合看一本的呀！"

"可我不能在上面记题写字啊，反正我是没听好。"

"没事，没事，等回去以后妈妈再和别的家长要答案，下次妈妈帮你想着，再别忘带就是了。"

听到这里，我不禁在心里问道：孩子的成长，这位妈妈你要全程代替吗？如果你总是习以为常地为孩子铺垫好一切，考虑好一切，那么孩子自己的成长呢？

对于孩子的独立性，我一向是非常重视的。女儿从幼儿园进入小学以后，我就告诉她，自己能做的事情要自己做。为了帮助孩子早日学会独立自主，我还和她"约法六章"：

（1）自己能做的事情，尽量不要依赖别人。

（2）凡事能早则早，不要等到时间快到了才心急火燎，这样是做不好事情的。

（3）做事要有计划，不可东一榔头西一棒子，想到哪儿做到哪儿。

（4）每天入睡之前，准备好第二天上课要用的书本用具。

（5）如果粗心大意忘记了带东西，妈妈只提醒两次，如果第三次还忘，那就自己承担马虎的后果。

（6）有不会的问题，先自己查资料，如果不能解决，再和妈妈探讨，如果还不能解决，再去请教老师。在问老师这件事上，妈妈绝不代劳。

这样一路走来，女儿独自处理事情的能力越来越强，孩子慢慢养成了做事细致认真的习惯，虽然偶尔也有时忘记，但她会很快调整过来，绝不会依赖父母，也从不用爸爸妈妈替她做，因为她觉得这些都是她自己应该做的。

这位家长的做法非常值得肯定。孩子的成长，必须要由孩子自己来经历，凡事都要父母帮着做，什么时候他才能真正长大呢？

在孩子的成长过程中，有很多事情是需要他们独立完成，并且他们也完全可以独立完成的，而很多家长却剥夺了孩子的这个权利和收获成功的喜悦。我们中国的家长总习惯于提前帮孩子把路铺好，让孩子少走弯路，殊不知这也让孩子们少了探索的经历，缺少了独立判断。

孩子的成长说到底是孩子自己的事，我们只能协助，不能代替。家长的替代会给孩子埋下无能的种子，导致他们缺乏思考能力，判断能力，动手能力，拖延也会随之而来。孩子的成长需要体验，有意识地让孩子从小吃点苦，受点罪，跌几个跟头，让他们自己为自己的拖延行为埋单，这样不仅可以丰富孩子的社会经验，更重要的是，使他们在挫折中悟出道理，锤炼本领，改掉毛病，为人生的成长积累面对挫折的勇气和独立处理问题的良好能力。

请记住我们的忠告，家长不能代替孩子成长。

# 让孩子为他的磨蹭付出代价

很多家长一看孩子快迟到了，就一边焦虑地催着骂着，一边喂孩子吃饭、帮孩子穿衣服、收拾书包；看孩子磨蹭做不完作业，就大包大揽帮孩子做一部分。结果呢？孩子心中有了依仗，认为自己就算拖拉也不会有什么可怕后果。虽然被妈妈骂的感觉不怎么好，但我完全可以装作没听见，反正爸爸妈妈什么都会替我做的！最后我上学没迟到，作业也做完了，在学校老师同学都不知道啊。所以孩子无所畏惧地继续拖拉，依赖心越来越重，家长也越来越累，恶性循环周而复始。

其实每个人，不管是孩子还是成人，只有在体会到磨蹭给自己带来损失之后，才能自觉自愿地快起来，因此，让孩子为自己的磨蹭付出代价，让孩子自己去品尝磨蹭的自然后果，不失为一个改掉孩子磨蹭毛病的好方法。

璐璐从幼儿园进入小学以后，还是没有时间观念，周五放学不做作业，说好不容易放假了，这一下午就是她的疯狂日；周六让她写作业，她一会儿要去游乐园，一会儿嚷着要看动画片。拖拖拉拉到了星期天，再没有回旋的余地了，才开始哭哭唧唧地写作业，一边写还一边不情愿地抱怨说作业太多，然后一会儿吃水果，一会儿上厕所，一会儿削铅笔……各种拖延。璐璐妈也不过分催她，也不出手帮她，只是提醒她说："你做不完作业会被老师批评的哦！"起初璐璐并不在意，依然我行我素磨磨蹭蹭，妈妈也不发火，任她磨蹭，目的就是要让璐璐体验一下拖延的不良后果。结果进入小学的头两个月，璐璐作业经常完不成，出错率也高，被老师批评了以后，璐璐非但没有认识到自己的错误，改正不良习惯，反而埋怨起妈妈来："妈妈你可真够狠心啊，我是充话费送的吗？其他同学的手抄报都是妈妈帮助做的，你都不替我做！"

听了孩子的话，璐璐妈简直哭笑不得，但还是正色说："作业是老师布置给你的任务，不是我的啊！每个人每天都有自己的任务要完成，妈妈如果完不成任务也会被领导批评，还会扣工资；学习是你的任务，你完不成作业，当然要承担被批评的后果！"妈妈的话让璐璐一时语塞。

璐璐妈继续说道："你看妈妈每周都是先完成工作任务，然后周末就有时间踏踏实实地逛街，去看姥姥，陪你去游乐园对不对？先完成任务我就能完全放松下来，不用像你一样虽然在玩心里也不踏实，总想着还有作业没做完，最后必须要做的时候就很急躁，容易出错，就会挨批评……你为什么不跟妈妈学学呢？咱们周五就列好时间计划表，把任务提前做好，然后一身轻松地玩儿好不好？"

璐璐茅塞顿开，从此自觉自愿地改掉了拖拉的陋习。没有妈妈的催促、胁迫，没有自己的不满、抗争，过渡得异常平稳顺畅。

帅帅从小就有做事磨蹭的毛病。现在，就是在早上时间最紧张的时刻，他也快不起来。妈妈对此很烦恼，但还是想到了一个好办法。

这天早晨，帅帅照样是慢吞吞地起床、穿衣服，妈妈没有像往常一样催促他，而是由他不急不忙地整理书包、洗漱，还"忙里偷闲"地看几眼"奥特曼"图书……结果当然是迟到，被老师批评一通。

放学回到家后，帅帅很难过。这时，妈妈才告诉他："平时不迟到是因为有爸爸、妈妈在替你着急，催着你加油。现在，你长大了，要学会做事加快节奏，安排好时间，如果磨蹭习惯不改，不只是挨老师的批评，还会造成更严重后果。"果然，在吃了几次苦头之后，帅帅的行动快多了。

孩子拖沓不改，除了时间感差，还有一个重要原因就是没有承担后果的意识。针对这个原因，爸爸妈妈不妨规定做事情的时间，甚至可以给孩子列一个时间表，要求孩子按时完成，同时让孩子承担做不完事情的后果，比如迟到、吃不饱、完不成作业等。让孩子尝几次磨蹭的苦果后，他会自然而然地加快自己的速度。

总之，如果您家有个"小磨蹭"，请首先让孩子明白这些事都是自己的事，做得好不好、快不快，都需要自己承担后果。相信孩子如果能想明白这些，无论是写作业，还是做其他事情，都可以做得又快又好了。

# 为孩子的每一个微小进步鼓掌

表扬和鼓励比批评和指责能更有效地激发孩子的积极动机，孩子受到的表扬越多，对自己的期望也就越高。一般的孩子都较为看重来自外界的承认或认同，所以，要想让孩子不再那么磨蹭，父母改变对孩子的评价是必须的。

孩子是非常敏感的，他们会把家长的鼓励当成他们前进的动力。如果父母能经常对孩子说："你如果再快一点儿就更出色了"，"你现在比过去有进步了"，"你看你做得多快"，"做得真棒，加油啊"，"真好，现在用不着老提醒你了"……孩子便会受到正面的外部刺激，而这些真诚的鼓励是能够打动孩子的，孩子为了不让父母失望，下次做事就会有意识地提醒自己快点儿。

另外，为了使孩子更有动力，当他做事的速度比以前加快时，或者当他达到了大人的要求时，父母还可以适当地给予一些物质奖励，比如给孩子加一个小红星，带孩子外出游玩，给孩子买他想要的玩具，等等。用鼓励和奖赏来"催"孩子做事，往往能够收到很好的效果。

一位家长向我们分享了他的教子经验：我会叫孩子邀请同学来家里做

作业、玩耍。我建议他们在做作业时，比比谁做得又快又好。不管结果是谁赢，做到了就给奖励。玩游戏时也这样奖励。我的孩子没拿到奖励，面子过不去，很不高兴。但之后的几次，他自觉提高了做事效率。孩子也要面子，谁都有好胜心，适当地激发，会很有成效。

可是生活中，大多数家长往往不注意鼓励孩子的微小进步，他们对孩子的期望比较高，总希望孩子能一下子达到他们的要求。因而对孩子一些细小的进步不是很注意，反应比较冷淡。


尼克早上洗漱的时间总是很长，还习惯性地把牙膏随便扔在漱口杯外面。

妈妈对此很恼火，不知斥责他多少次了。那天，尼克又在洗手间磨蹭了半天，妈妈气坏了，她把尼克叫到身边，不满地说："尼克，你应该可以照顾自己的生活了吧！看，你洗脸刷牙用了多久？而且你又把牙膏放在外面了。我不是对你说过牙膏用后要放到杯子里吗？"

尼克根本没有把妈妈的话当一回事儿，只是心不在焉地回答："知道了。"

妈妈见儿子反应平平，知道刚才说的话并未引起他的重视，于是冲他喊道："听着，尼克，你必须快起来，必须把牙膏放进漱口杯里！"

尼克极不情愿地走进了洗手间，放好了牙膏，转身就走。

"记住我说的话！"妈妈再次强调。

"知道了。"

第二天，尼克速度的确是提高了，也将牙膏认真地放到杯子里了，但妈妈什么都没有说。到了第三天，他又磨蹭起来了，牙膏又被扔到杯子外面。

"喂，尼克，怎么搞的，你得了健忘症吗？你又忘了把牙膏放回去！"妈妈生气地说道。

"我以为你忘记了。"尼克说道。

"怎么这么说呢？"母亲疑惑地望着儿子。

"因为昨天我表现得不错，而你却什么也没有说！"

尼克为什么又犯了老错误呢？因为当他改正后没有得到妈妈的肯定和重视，因此他又泄气了。如果第二天，妈妈发现尼克速度快了起来，而且把牙膏放在了杯子里，她如果当时亲热地对孩子说："干得好，尼克！妈妈知道你一定能改正坏习惯的。"那么尼克一定会非常高兴，并愿意把好习惯坚持下去。

举这个例子就是为了说明，父母的鼓励对孩子的巨大意义。如果父母能重视鼓励的作用，灵活运用鼓励的手段，那么就能很轻松地帮孩子改正拖延的毛病。

教育学家的建议是，在某些时候，父母应忽视孩子的不良行为，将自己的预期目标分成小步骤，循序渐进地做，这样就能很容易地改掉孩子的坏习惯。也就是说，如果一个孩子有不良的生活习惯或行为，父母不应该对此抓住不放，而应该找到孩子偶尔没有此不良行为的时候对孩子予以鼓励。父母对孩子的每一个微小进步都能加以鼓励，即是对孩子的积极行为进行强化的最好方式。哲学上讲质变是由量变引起的，平时大量的细微进步，积累起来才可能有大的变化。因此，对于父母来说，要想让自己的孩子彻底改正不良习惯，就应该对孩子的点滴进步进行鼓励。

父母不要因为孩子的进步太小，就不愿意给予鼓励，这会使孩子觉得家长对自己的进步漠不关心，认为自己的努力白费了。时间一长，孩子就会失去进步的动力，原来可以改变一生的进步也会因为得不到强化而消失。因此，无论孩子是在学习还是生活方面，只要孩子有进步就应给予建设性的鼓励，每有好的表现就要加强鼓励的感情色彩。

鼓励孩子每一个微小的进步，就是在强化孩子的进取之心。不要吝惜你的鼓励，这是帮助孩子改正拖延顽疾必不可少的要素。

# 在温和的探讨中点拨孩子

其实孩子犯了错误时并不拒绝父母的管教，只是他们无法接受一些家长的教育方式：严厉的斥责只会让孩子感到委屈难过。而家长斥责孩子的话即使再有道理，再有深意，孩子也不会去反省什么，因为他的心已经被愤怒和不平占据了。

要让孩子立刻行动，那么一顿严厉的斥责也许就够了，只不过下一次，他很可能还会拖延；要让孩子深刻认识到自己的错误，真正反省，那么，家长就得运用点拨的手段，让孩子明白其中的道理，并自觉规范自己的行为。

那么，怎样才能成功地点拨孩子呢？教育学家认为父母的态度和方式很重要。如果父母板着脸，不停地向孩子说教，那么即使父母的话字字珠玑，孩子也是听不下去的，更别说自行从中悟出道理了。因为父母的严厉态度让孩子感到害怕，父母的说教让孩子产生厌烦，这样做是根本无法达到教育目的的。

教育学家建议，父母应该用温和的态度，在与孩子的探讨中启发孩子、点拨孩子。

乐乐是个非常调皮的男孩，上小学四年级。每天放学后，乐乐总是不做作业，放下书包就跑出去玩。为此，爸爸总是训斥他，有时还打骂他，可他却总也不改这毛病。有时在爸爸的强迫下，勉强坐下来做作业，可总是不专心，而且做得马马虎虎，错误很多，爸爸拿他也没办法。

有一天，乐乐的姑姑到他家来，正好看到哥哥因为做作业的事在训斥乐乐，可乐乐很倔强，不管爸爸怎么说，他就是不开口，也不去做作业，气得爸爸要打他。姑姑见此情景，对乐乐爸爸说："大哥，我来和他谈谈。"乐乐的姑姑是位老师，她把乐乐带到他的房间里，摸着他的头问："乐乐，在外面玩得开心吗？"乐乐说："也不是特别开心。""那爸爸让你做作业，你为什么不做？""爸爸对我太凶了，总是骂我，我就是不做，故意气他。""那你觉得完成作业再去玩好，还是玩过再做作业好呢？"乐乐不说话，姑姑又说："你是不是也觉得做完作业再去玩，心里没有压力，也不用听父母的责备，会玩得更开心？"乐乐点点头。"姑姑知道，乐乐是个懂事的孩子，聪明也爱学习，就是爸爸妈妈不催，你也会主动完成作业的，是不是？"乐乐点点头，走到书桌前，打开书包，开始做作业，而且特别认真。

　　乐乐爸爸由此认识到了自己以前的做法是错误的，由于对乐乐粗暴的态度让孩子反感自己，越来越不听自己的话。从此以后，乐乐的父母改变了态度，不再严厉地责备他，催促他，而是以温和的态度对待他，乐乐变得懂事了，不拖延了，学习成绩也有了很大的进步。


　　其实，家长们应该想到，既然想点拨孩子，就得让孩子先接受自己，实现良好的亲子沟通，这样孩子才能接受你的想法。另外，点拨就是让孩子自觉产生正确的想法，这是需要家长的诱导而不是灌输的。

　　父母以温和的态度来对待孩子，是对孩子的尊重，也是高明的教育方法。家长只有掌握了这一点，才能成功实现与孩子的良好沟通。

　　（1）温和的态度让孩子不惧怕交流

　　爸爸妈妈以温和的态度对孩子，孩子在面对爸爸妈妈时就不会因为害怕而紧张、恐惧，也不会因为反感大人的训斥而产生对抗甚至仇视的心理，孩子会用一种平静的心情和爸爸妈妈交流，会认真听取爸爸妈妈的意见，也只有在这种基础上，点拨才能发挥效用。

　　（2）温和的态度鼓励孩子说出真正的想法

　　当爸爸妈妈以温和的态度对待孩子，与孩子平等地交流时，孩子觉得自己受到了爸爸妈妈重视，而爸爸妈妈的眼神、鼓励的话语，也会让孩子产生倾诉的欲望，使孩子会把自己内心的想法都告诉父母。

　　（3）温和的态度拉近亲子距离

　　态度体现了一个人的修养，与人交流时用什么样的态度，体现了一个人的修养如何，即使是父母在与孩子沟通时也不可忽视这个问题。温和的态度是一个人良好修养的体现，温柔的眼神、微笑的表情拉近了与孩子的距离，使孩子乐于亲近父母。

爸爸妈妈们要记住，点拨的重点在于提示、引导，而不是灌输，因此一定要把握自己的态度和教育的方法，这样才能让孩子产生自觉的行动，达到教育的目的。

# 在生活中教育孩子果断选择

做事坚决果断，是一个人成就事业的重要因素。遇事犹豫不决的人，选择事物时往往会不知所措，进而失去良机，或是有所损失；坚决果断的人，选择事物时往往很有魄力，进而拥有更多的良机，收获更多。

有一个六岁的小男孩，一天在外面玩耍时，发现了一个鸟巢被风从树上吹掉在地，从里面滚出了一个嗷嗷待哺的小麻雀。小男孩决定把它带回家喂养。

当他托着鸟巢走到家门口的时候，他突然想起妈妈不允许他在家里养小动物。于是，他轻轻地把小麻雀放在门口，急忙走进屋去请求妈妈。在他的哀求下妈妈终于破例答应了。

小男孩兴奋地跑到门口，不料小麻雀已经不见了，他看见一只黑猫正在意犹未尽舔着嘴巴。小男孩为此伤心了很久。但从此他也记住了一个教训：只要是自己认定的事情，决不可优柔寡断。

家长可以在日常生活中教会孩子坚决果断地去做选择。

某一知名跨国公司正在招聘计算机网络员，录用后薪水很丰厚，而且这家公司很有发展潜力，近些年新推出的产品在市场上十分走俏。

孩子听说后很想去应聘。可职校培训已接近尾声了，如果真的给聘用了，一年的培训就算夭折了，连张结业证书都拿不到。孩子犹豫了。父亲笑了笑，说要和孩子做个游戏。他把刚买的两个大西瓜放在孩子面前。让他先抱起一个，然后要他再抱起另一个。孩子瞪圆了眼，一筹莫展。抱一个已经够沉的了，两个是无法抱住的。"那你怎么把第二个抱住呢？"父亲追问。孩子愣神了，还是想不出招来。父亲叹了口气："哎，你不能把手上的那个放下来吗？"孩子似乎缓过神来，是呀，放下一个，不就能抱上另一个了吗？孩子这么做了。父亲于是提醒：这两个总得放弃一个，才能获得另一个，就看你自己怎么选择了。孩子顿悟，最终选择了应聘，放弃了培训。后来，孩子如愿以偿，成了那家跨国公司的职员。

当一个孩子面临选择时，在选择的利弊面前总会犹豫不决，家长要让孩子学会坚决果断。

据心理学家的研究，一个人做事不果断性格的形成可以追溯到他的童年时期，很可能是父母影响的结果。比如妈妈为买鞋可以跑上老半天，东挑西拣，拿不定主意，在其他事情上也是如此。换句话说，妈妈本身就是一个缺乏决断、优柔寡断的人，孩子与妈妈的关系紧密，慢慢地受到了妈妈的影响，才导致孩子也变得优柔寡断。

另一种可能是优柔寡断反映了孩子在选择行动时内心的焦虑不安，有完美主义倾向。比如，孩子买零食的过程似乎就是如此。吃的欲望被完美的欲望干扰甚至压抑，所以，左挑右拣，实在没办法下手。这样的孩子通常会有一个对孩子要求刻板完美的家长，他们对孩子取得的成绩或表现出的优点会视而不见，或者好了就要求更好，永无止境，过于注重细枝末节。

根据以上分析，要培养孩子做事坚决果断的性格，建议家长注意以下几点：

（1）父母做事要坚决果断

父母在孩子面前必须果断，用自己的果断来潜移默化地影响孩子。孩子提出来的要求，该满足的满足，不该满足的要态度坚决地拒绝，并向孩子讲明原因。

（2）要给孩子一个心理准备期

当孩子有不完美的表现或失误时，家长不要老去批评指责孩子，强迫孩子改正，要有花较长时间来帮助孩子改善的心理准备。实际上，犹豫的背后也可能有仔细耐心的好品质，只要不走极端即可。

（3）家长要采用温和的方式教育孩子

家长要思考如何改善教育行为与教育方式，对孩子的缺点与错误要包容，在帮助孩子克服这些缺点与不足时也要多采用温和的方式进行。

（4）从生活细节入手训练孩子

通过行为训练的方式来提高孩子的决断意识与行动力，比如大人买东西时让孩子参与进来，日常东西，根据感觉直接买来就行；一般的物件先简单讨论一下要买什么，什么价位，大体样式，目标明确后，再带着孩子去。大人在选择时尽可能快速决断。

成功的人总有一些超过常人的品质，果断便是其中一种。多思多虑有时候确实是必要的。把事情想得周到一些，胜算总会大一些。可是，绝不可以错过时机。也许我们心里可以优柔，但是行动绝对要果断。


# 让孩子给自己制定一系列的短期目标


现在好多孩子是独生子女，他们的生活可谓无忧无虑，什么事情都由父母决定。时间一长，就养成了做什么事情都没有目标，不知道该怎么做的不良习惯，这个时候，做事散漫拖拉是最常见的表现。所以，我们要培养他们做事时给自己订立目标的习惯。如果孩子能够给自己确定一个目标，那么他将会向着自己的目标前进，取得辉煌的成绩。

一位名叫希瓦勒的乡村邮递员，每天徒步奔走在各个村庄之间。有一天，他在崎岖的山路上被一块石头绊倒了。

他发现，绊倒他的那块石头样子十分奇特，他拾起那块石头，左看右看，有些爱不释手了。

于是，他把那块石头放进自己的邮包里。村子里的人们看到他的邮包里除信件之外，还有一块沉重的石头，都感到很奇怪，便好意地对他说："把它扔了吧！你还要走那么多路，这可是一个不小的负担。"

他取出那块石头，炫耀地说："你们看，有谁见过这样美丽的石头？"

人们都笑了："这样的石头山上到处都是，够你捡一辈子。"

送完信回到家里，他突然产生一个念头，如果用这些美丽的石头建造一座城堡，那将是多么美丽啊！

于是，他每天在送信的途中都会找到几块好看的石头。不久，他便收集了一大堆，但离建造城堡的数量还远远不够。

于是，他开始推着独轮车送信，只要发现中意的石头，就会装上独轮车。

此后，他再也没有过上一天悠闲的日子，白天他是一个邮差和一个运输石头的苦力，晚上他又是一个建筑师。他按照自己天马行空的想象来构造自己的城堡。

所有的人都感到不可思议，认为他的大脑出了问题。

二十多年以后，出现了许多错落有致的城堡。

后来城堡被人们发现了。在城堡的石块上，希瓦勒当年刻下的一些话还清晰可见，有一句就刻在入口处的一块石头上："我想知道一块有了愿望的石头能走多远。"

希瓦勒之所以能够建成美丽的石头城堡，就是因为很早的时候，他给自己订立了目标，而且他一直坚持向目标迈进。

培养孩子做事制定目标的习惯，家长可以参考以下几点：

（1）父母要做好孩子的榜样

父母是孩子的第一任老师，父母对孩子的成长起着决定性的作用。因此，要培养孩子制定目标的习惯，父母首先要给自己制定目标。那么，孩子在耳濡目染之下，也就会给自己制定目标。

（2）多给孩子看一些上进的好书

上进的书对孩子的成长有着重要的影响。当孩子从中汲取了丰富的营养后，就会自己去效仿。他们在自觉和不自觉中，就会给自己制定目标。

（3）在一些细节上多鼓励孩子

孩子在小的时候，做什么都需要家长的鼓励。如果家长能够在细节上给孩子鼓励，孩子就会充满自信地去制定目标，并向目标迈进。

契诃夫说："我们以人们的目标来判断人的活动。目标伟大，活动才可以说是伟大的。"所以，我们应该让孩子给自己制定一系列的短期目标，让他勇敢地向前进。

# Part 10
## 不催不逼，让孩子自己抓紧学习

　　孩子学习拖延一直是家长比较头疼的问题，学习拖延是孩子学习活动中的一种"病症"，它严重影响了学习活动的顺利进行，对孩子健康成长有很大危害性。我们应该尽快消除孩子的厌学和拖延现象，使学习过程和手段，与学习目的得到统一。需要强调的是，不要强迫孩子学习。如果家长对孩子学习逼得太紧，在潜意识里，他们就会对学习产生反抗的情绪。

# 孩子拖延学习是因为厌学

很多孩子都存在学习拖延的现象，这个问题，固然跟孩子的惰性有一定关系，但家长们应该看到更深层次的原因：孩子厌学。你可以想象一下，如果你让孩子出去玩耍或者上网玩游戏，他还会拖延不去做吗？一般情况下，孩子心理产生了抵触情绪，他们才会拖延。那么，孩子为什么会产生抵触情绪呢？这与我们的家庭教育存在莫大关系。

有个男孩，脑子比较活泛，理解能力也强，也有上进心，但学习成绩却一直差强人意。因为这个，孩子的妈妈一提起学习这档事就两眼泪汪汪，可怜天下父母心啊。为了能让孩子上重点小学，两口子省吃俭用按揭买了学区房。从孩子上一年级起，爸爸妈妈就给他报了好几个辅导班，还买来各种教辅习题册，在孩子写完作业以后，爸爸妈妈会要求他继续做课外题。每天复习哪些内容，复习到什么范围都由大人说了算。尽管家长下了这么大的力气，可孩子的成绩却让他们大失所望。妈妈一口气能说出孩子一大堆在学习上的不是：上课经常走神，写作业磨磨蹭蹭，老师判的错题不及时改正，最要命的是错题改正后又一错再错。自己的全力付出却换来这样的结果，大人自然着急上火，斥责甚至打骂也就接踵而至了。孩子呢，也是委屈得不得了，自己学习挺努力的，可成绩就是上不去，后来索性就不积极了，他说："我学习是为我妈妈学的，每当我看到我妈妈为我学习着急生气，我心里就难过，越难过我就越学不好，后来，我就不想学了。"

据专家研究，孩子厌学的心理障碍有 90% 是由家庭或学校老师采取强制性的教育方法所致。就我国当前的教育状况而言，学生的课业负担普遍很重，这种情况下家长再给他们施压，要求他们不停地学，就算是好学生也会产生厌学情绪。可以说，孩子学习拖沓，就是对学业高压的一种无声抵抗。所以如果你发现孩子在学习上开始拖延，那么基本上说明他已经产生了厌学情绪。

有专家把当前孩子的学习状况分成三种状态：第一种是痛苦学习状态；第二种是麻木学习状态；第三种是快乐自信学习的状态，即孩子自觉、自愿学习的状态。对于拖延学习的孩子来说，第一和第二种他们兼而有之。孩子拖延学习的种种表现说明：他正确的学习动机是缺失的；学习责任感不足、学习兴趣是衰减的。简而言之，孩子学习缺乏主动性、自觉性，缺乏学习的热情和内动力。

认清这一点，爸爸妈妈就要改改教育方式了，不要总是"催催催"，"骂骂骂"。试想，本来孩子在学习上就有情绪了，爸爸妈妈还使劲催促，不断指责，孩子心里憋的那股劲就别提了，轻则无声抗拒，爸妈催着，自己耗着，家长用心良苦，结果事与愿违；重则越发叛逆，亲子关系破裂。

其实对于拖延学习的孩子来说，让他们舒心学习远强于给他们压力。

现在的家长，望子成龙的心情普遍非常强烈，为了使孩子将来出人头地，往往要求孩子拼命争第一，能达到大人要求的孩子，就被家长视为"有出息"，达不到要求的，就免不了一番挑剔与指责。结果使孩子每时每刻都充满了紧张和压力，于是越紧张越学不好，时间久了就变得郁郁寡欢，心灵十分脆弱。事实上，很多孩子原本并非不喜欢学习，知识反应和接受能力也不比别人弱，可是尽管他们付出了努力，却很难一直达到父母一再提高的要求，社会上、家庭里的各种压力，造成了他们对自己的悲观心理，慢慢地，就会厌倦学习。

为了改变这种情况，家长们需要让孩子先从学习环境中暂时脱身出来，给他们提供一个相对自由的环境，这实际上是缓解孩子厌学情绪的最直接方式，也就是说，让他们从被动变为主动。孩子们可以在这段时期的这个空间里自由发挥，无拘无束，按照自己的意愿做自己认为值得做的事情。与此同时，爸爸妈妈应该坦率地告诉孩子：

学习很重要，但分数不是衡量学习好坏的唯一；

学习有时很苦，有时很有趣，你要明白自己喜欢学什么；

无论你将来想成为一个什么样的人，想做什么事，都必须从热爱学习开始；

你可以得到一定的自由，但要靠学习争取。

另外，建议家长们同时也能做到以下几点：

（1）根据孩子的认知水平和学习特点制定合理的目标和要求。

（2）合理安排孩子的学习生活，不要过多挤占孩子休息和玩的时间。

（3）不要过多参与孩子的学习过程，要培养孩子自主学习能力。

（4）千方百计让孩子多体验学习带来的成功与快乐，增强孩子的学习自信心。

（5）如果孩子在学习的过程中出现问题和困难，家长要不急不躁，和孩子一起分析问题的原因，鼓励孩子勇于改正，跨越困难。

总而言之，如果爸爸妈妈能够学会运用科学的教子理念和方法，孩子学习的主动性和自觉性就会慢慢找回来，孩子就会进入快乐自信学习的状态。

# 不滥用父母权威，尊重孩子兴趣

孩子没有兴趣，没有学习的要求，父母只是管束、训斥和强迫，孩子是不可能学好的。而且时间长了，孩子还会对画画、写字、弹琴反感、厌恶，以致消极对抗，展开拖延。这样的事我们见过和听过的都很多。那就是：你一定要我画，我就乱画，或者拖着慢画；父母一来检查，要么画的都是圆圈圈，要么一上午就给你画一朵小花，要么字写得东倒西歪，要么半天写不完一篇……这还是好的，老实的。

有这样一个悲剧。一个小学生，父母要他学钢琴。每天下午放学，就必须先练一个小时钢琴，然后做功课。星期天更是得忙上一上午补习班，下午还要上教师家里学琴，孩子对弹琴没有兴趣。他看见钢琴就厌恶，他几次想把钢琴毁掉，几次反抗："我不弹，我不要学。你打死我，我也弹不好！"但父母却不顾孩子的兴趣与反抗，一定要孩子学："已经学了两年了，花了这么多钱！你应该争气，把琴学好！今后每天不弹熟练习曲，就不许出去玩儿！"

孩子无奈，为了断掉父母要他学琴的念头，有一天在放学回家时，他用石头砸了自己的一根手指。

艺术家是需要从小培养的，儿童的智力也应该从幼儿时开始启发；同时应该先从培养儿童的兴趣着手。而兴趣又是因人而异的，绝不能由父母来主观决定或强加于孩子的身上。在幼儿时期，做父母的可以鼓励孩子们学习和接触各种事物——画画、写字、弹琴、跳舞、武术等，启发孩子的兴趣，让他们自己产生学习的要求。只有当孩子们愿意学习时，他们才能把坐在桌前画画、写字、坐在琴前弹琴当作一件乐事，一两个小时还嫌少，他们的学习也才会进步。


新学期开始了，妈妈又开始忙着为露露落实兴趣班的报名事宜了。

上学期，鉴于幼儿园的特色及露露的自愿性，妈妈替她报了绘画和声乐班。而后，露露时常表示出对舞蹈班的兴趣。于是，妈妈一早就答应她，新学期开班，就为她报舞蹈班。不过，在前不久聊天中，露露已流露出对声乐班的排斥。妈妈很纳闷，孩子一向都喜欢唱歌的呀，老师也反映她的表现不错。但基于尊重孩子的初衷，妈妈觉得还是要再征求一下露露的意见。

结果，当妈妈列举兴趣班的课程时，露露直接就表示："我喜欢画画，我也喜欢跳舞！"

"那声乐班呢，露露真的不愿意再学唱歌了吗？"妈妈还是忍不住问了一句，心里不免觉得有些遗憾。

"我不喜欢声乐班！"露露不假思索地回答。

"露露，能告诉妈妈为什么不喜欢声乐班吗？是不喜欢唱歌，还是觉得在那里没意思啊？"

"我觉得没意思！"小家伙回答得很认真。

到了幼儿园以后，露露妈就此事与老师进行了交流，提出了自己的困惑。因为，露露之前是很喜欢唱歌的，露露妈觉得有必要再听取一下老师的建议。

老师的一番话解开了露露妈心中的疑团。她也觉得露露现在没有必要参加声乐班，因为那儿基本都是大班的孩子，在一起时连声音都压过了小班的孩子。不像在自己班里，露露更乐意投入。

是呀！在这种情况下，孩子得不到表现的机会，自然会感觉到失落，同时也难以融入其中，又怎么能感受到其中的乐趣呢。一番简单的沟通，露露妈顿时茅塞顿开，毫不犹豫地放弃了声乐班。

我们应该为露露感到幸福，因为妈妈不仅乐于去倾听她的心声，而且也着实放在心头重视了。做家长就应该这样，遇事多从孩子的角度出发，在为孩子做决定前，一定要认真考虑到孩子的感受。反之，如果孩子没有自觉的要求，家长即使可以强迫一个时期，也不可能持久。这是因为一个人不论做什么事情和学习什么东西，只有当他把自己的身心都投入到那件事情上时，才能做好或学好。

所以，做父母的绝不可以滥用自己的权威，强迫子女做他们所不愿做的事。哪怕是好事，父母的要求是正确的，也只能耐心地开导，绝不能一意孤行，不能强迫、蛮干。

# 引导孩子学，而不是逼孩子学

一般来讲，当家长发现孩子厌学时，通常会非常失望、恼怒，进而斥责孩子，逼孩子努力学习。然而教育学家发现，这样做效果通常并不好，孩子如果不是真心想学，那么再逼他也是没有用的。只有运用引导计，以爱心、耐心、细心、恒心来帮助孩子，关爱孩子，才能点燃孩子心头的希望之火，让孩子重建上进心。

"妈妈，我今天不想去上学了！"七岁的南南这样对妈妈说。

"为什么？上学有什么不好吗？"

"我就是不想上学，不想去！"南南仍然坚持自己的意见。

"不行！哪有孩子不上学的道理。"南南的妈妈绝不答应孩子的要求。过了一会儿，妈妈又问南南："你是不是身体哪里不舒服？还是和同学相处得不好？"

"没有呀！就是不想上学。"南南很诚实地回答妈妈。

"那好吧，你给妈妈一个理由，如果妈妈认为你有道理，妈妈再考虑你的要求。"妈妈这样回答南南。

南南上学的时候就要到了，妈妈仍耐心地等待着南南的"理由"。最终南南支支吾吾地对妈妈说："我没有理由，我明天给你理由行吗？"

"你明天给妈妈理由，那妈妈就明天再考虑你的要求，但今天你必须去上学！时间到了，我们出发吧。"

在送南南去学校的路上，妈妈对南南讲了很多"爱学习的小发明家"的故事……

南南的妈妈是个懂得教育孩子的好母亲。

我们常常听到一些父母这样评议孩子："我的孩子脑子很灵，可就是不爱学习。"话中之意就是"尽管我的孩子不爱学习，但他也是一个聪明的人"。这种对待孩子学习问题的态度是很有害的。孩子不爱学习当然会让父母伤脑筋，哪一个父母不着急呢？但父母还得具体分析孩子厌学的原因，有针对性地对孩子的厌学情绪和行为做出正确的处理。

我们之所以说南南的妈妈是一个懂得教育孩子的好妈妈，是因为她面对南南的厌学情绪，耐心地进行引导，处理得既合情合理，又达到了教育孩子的目的。假如南南的妈妈换一种教育方式，比如："你敢说不去上学？吃饱撑着啦？不上学想做什么！小小年纪就逃避学习，等你长大了，那还了得！"这样教育（训导）孩子，会收到什么效果呢？而在我们的生活中，这样的父母不是少数，他们不但没能收获到好的教育孩子的效果，反而让很多孩子变得更加厌恶学习。

我们应该明白，每一个孩子都有自己的性格特征、兴趣爱好，这种差异是极其正常的。孩子的这些性格、个性，表现在学习方面，有的孩子喜欢学习，有的孩子则不太喜欢学习，甚至于对学习还会产生种种厌恶情绪。

从孩子的心理发展角度看，这样的孩子也是正常的。对此，做父母的责任不应当只是问"不上学你想做什么"，而应当帮助孩子找一找"你为什么不喜欢学习"的原因。实际上，如果父母能采取一些积极的、行之有效的措施，那么，孩子的厌学情绪是可以改变的。

厌学的孩子在心理上一般都比较脆弱，所以更希望得到别人的关怀和理解。因此家长应当多给孩子一些关怀和帮助，少一点冷语和斥责。专家认为，对待厌学的孩子，父母应该持以下几种态度。

（1）爱心

我们常说"可怜天下父母心"，以此来感叹父母对子女的无私的爱。但在现实生活中，我们又会经常听到有些父母这样抱怨自己的孩子："这么不争气，养你有什么用？""上学有什么不好？这样不爱学习的孩子扔掉算了！"也许这些都是气话，但孩子会很容易当真，而且从另一个侧面，这也反映出许多家长的一种心态——对孩子的爱不是无条件的，而是有条件的，至少需要孩子用听话、爱学习来交换。

其实爱是一种意识形态，需要有一个持久的意会过程。许多父母并不明白这一点，以为自己付出了爱，孩子就应该马上感受到，就希望孩子立刻做出回应，这实在是一种不科学的主观想法。要想改变孩子的厌学情绪，付出爱心是基本的要素之一。家长对孩子的爱是发自内心的，是无私的、不求回报的，重要的是，能让孩子感受到父母给予的爱，并为这种爱而感动、行动。

（2）耐心

生活中，一些家长常常因孩子不爱学习而斥责和打骂自己的孩子，多数原因就是家长在实施教育的时候缺乏耐心。他们常常因为孩子不能一下子领会自己的意图，不爱做功课，就火冒三丈，大声斥骂，甚至体罚孩子。这种没有耐心的教育方法，不仅起不到促进孩子爱学习的效果，相反还会使孩子产生自暴自弃和逆反心理，久而久之，更会影响亲子关系。作为家长，一定要明白，改变孩子的厌学情绪不是一件容易的事情，不能有半点儿急躁心理，也没有任何捷径可走。所以，父母需要有很好的耐心，要耐心地教育孩子，耐心地陪孩子玩，耐心地为他讲道理，耐心地听他说……

（3）细心

吴女士过生日，正在读小学一年级的儿子送给她的祝福竟然是："祝妈妈每天都不会被老师批评。"大人们觉得很好笑，就说："你妈妈现在不是学生了，哪里会有老师批评她呀！"谁知孩子又说："那么我就祝妈妈每天都不会被领导批评！"大家都说这孩子小小年纪倒挺懂事的，但细心的妈妈想得更多，她从儿子给她的祝福声中感受到了儿子的内心世界。为此，当天晚上她就和儿子进行了一次长谈，终于知道了儿子说这句祝福语的前因后果。原来，儿子就读的学校是一所重点小学，学习要求比较高，有些课程教得快。智力中等的儿子跟得很累，又因为做作业动作慢，常常要被老师批评。凡此种种，儿子就觉得学习真是一件很辛苦的事情，而不被老师批评则是一件很难做到的事情。知道了孩子的处境后，这位妈妈很着急，她立刻和儿子的老师取得了联系，向老师坦言了儿子面临的困境和自己的担忧，请求老师给予帮助。老师非常重视这件事，并和孩子的母亲一起制定了富有成效的个案教育方法。后来在老师和父母的共同努力下，这个孩子终于顺利地闯过了他人生中的第一个求学关。

这位妈妈细心帮助儿子克服了厌学情绪，使儿子更快、更健康地成长，但并不是所有的孩子都像他这样幸运。当有些孩子不满现状决定离家出走的时候，当孩子因成绩不好受了委屈默默悲伤的时候，不知道他们的家长在做什么？为什么会对孩子面临的困难毫无知觉？如果不是缺乏爱心的话，最大的原因就应该是对孩子不够细心。虽然生活中不乏粗心之人，粗心这个毛病也不容易改正，但是要想成为一个好家长，就必须改变自己，在教育孩子、养育孩子的过程中，必须细心。

（4）恒心

改变孩子的厌学情绪，对家长来说是一项长期而艰巨的任务。作为家长一定要有恒心，要坚持不懈地朝着既定目标对孩子进行培养和教育，绝不能"三天打鱼，两天晒网"，更不能碰到困难就轻言放弃。

九岁的强尼是个调皮的孩子，最喜欢玩游戏，最讨厌学习。老师常常给强尼的父母打电话："强尼又逃课了！你们快管管吧！"强尼的父亲生气地说："这样坏的孩子不要管他算了！"但强尼的母亲却认为天下没有管不好的小孩子，因此一定要好好教育强尼。有一次，妈妈和强尼谈了整整一个下午，强尼向妈妈保证，以后再也不逃学了，强尼的父母都觉得很欣慰。然而还没过两天，强尼的老师又打来了电话："强尼又不见了！"当天晚上强尼很晚才回家，父母正坐在客厅里等他，他害怕极了，但父母却只是温和地招呼他吃饭，饭后又询问他没去上学的原因。强尼突然哭了起来："我以为对我这样坏的孩子，你们一定讨厌极了，你们一定会放弃我了！可你们为什么还关心我呢？"强尼再一次保证以后决不逃学，而这一次他做到了，强尼的父母再也没接到过老师的电话。等到了四年级的时候，强尼已经成为了一个学习很优秀的学生。

好家长在教育孩子的时候，都有长期的计划和安排，他们深深懂得"只要功夫深，铁杵磨成针"的道理，因而绝不轻易放弃孩子，而他们的恒心、他们的坚持最终也改变了孩子。

要引导孩子爱学习，父母首先就要把握自己的态度，只有让孩子感受到家的温暖和父母的关心，孩子才能逐渐地克服和改正他的厌学情绪和厌学行为。

# 不紧盯，孩子也能很优秀

家长都十分关心孩子的未来，在他们心中孩子只有好好学习，考上好大学才能出人头地、高人一等，这种思想已经根深蒂固，总是会将孩子的成绩与前途联系起来。如果发现孩子的学习成绩下降了，家长们便开始伤心着急，如果发现孩子的成绩有进步，那么家长便会无比开心。于是，为了让孩子学习成绩好一点，爸爸妈妈会紧盯着孩子的功课。

紧盯孩子的学习，对家长来讲可能会耗费很多的时间和精力。而对孩子来讲，他们会有一种被监督的感觉，从而很可能会对学习产生一种抵触情绪。所以说家长们要学会一种办法，既不用盯着孩子学习，又能够保证孩子考得好成绩，而最好的办法就是让孩子学会自主学习，引发孩子学习的兴趣。当孩子对学习产生兴趣之后，自然没有爸爸妈妈的监督，也会主动地去学习，并且，门门功课都会考得更好。

　　紧盯着孩子学习，除了孩子的成绩别的都不关心，这种状态已经成为当今家长的"通病"。有的家长更是厉害，不断地追问孩子有关上课、考试的细节，生怕自己一会儿不看着孩子，孩子的学习成绩就会下降。正因为如此，家长们宁可不做其他的事情，也要盯着孩子的功课，对于孩子的课业和学习那是绝对的尽心尽力，而对孩子涉及情绪、周边关系的倾诉却十分淡漠。这种"冷热不均"的状态，会极大地影响到孩子的健康成长和成熟。然而事实上，孩子的心情和情绪，以及和同学、老师之间的关系都对孩子的学习成绩有一定的影响。更重要的是，家长应该教会孩子主动地去学习，只有孩子懂得了主动学习，爸爸妈妈才不用天天盯着孩子。即便爸爸妈妈不盯着孩子的学业，孩子也会学习得很好。

　　有些家长或许会说："不每天了解孩子的学习成绩，不天天看着孩子写完作业，我不放心。"于是，在生活中就会看到很多家长下班的第一件事情就是询问孩子的作业，询问孩子的成绩，甚至会翻开孩子的考卷，对孩子做错的题进行批评，认为只有对孩子的功课进行严格的管教，孩子才会在学习上更加地优秀，其实，爸爸妈妈们会发现，这样做的结果并不好，反而使孩子更加厌倦学习，拖延学习。

　　学习讲究的是一种兴趣，有了学习的兴趣会让孩子在学习上变得主动。

如果孩子对学习提不起兴趣，那么家长们再费心，孩子的成绩恐怕还是会亮起红灯。

阳阳最讨厌的事情就是放学回家的路上，因为每天妈妈都会来接自己，而每次在车上妈妈问的第一件事情就是"学习"。阳阳已经上了二年级，但是他的妈妈对每天的学习都要了解，而对于其他的事情从来不问。要知道他每天见到妈妈的时候，最想将当天发生的事情都告诉妈妈。比如说今天和小朋友玩儿了什么游戏，今天老师夸奖了自己，今天小名和小雷发生了矛盾，等等。

今天妈妈照常来接他回家，在车上又一次问起了阳阳的功课："阳阳，今天考没考试啊？"阳阳没好气地说道："没有。"而此时妈妈又问道："那今天老师留作业了吗？"阳阳没回答，妈妈又问了一遍，阳阳点点头。妈妈似乎看出了阳阳不开心，然后就没有再问。

这一次阳阳考试没有考好，只考了班里的第五名，平时都是第三名。因为这件事情，阳阳的妈妈很着急也很生气，然后更是对孩子的学习上心了，每天都会对孩子进行询问，并且还会给孩子增加作业。阳阳更加厌倦学习了，于是，在上课的时候，便开始不认真听讲，回家的时候，又开始拖延写作业，平时也不怎么爱说话了。渐渐地，阳阳的妈妈发现自己的儿子更是不好好学习了。

家长关心孩子的成绩本不是一件坏事，但是千万不要紧紧地盯着孩子的学习，不要将孩子的学习看作是一件每天必须完成的事情。要想孩子学习好，就要培养孩子的自主学习能力，让孩子对学习产生兴趣，这样一来，即便爸爸妈妈不盯着孩子学习，孩子也能够学习得很好。如果阳阳的妈妈能够考虑到这一点，那么阳阳也不会对学习产生厌倦的情绪。

生活中，爸爸妈妈怎样做才能让孩子主动地去学习，即便不紧盯着孩子的学习，孩子的功课也能够门门都很优秀呢？

（1）每天"小汇报"的内容要加点孩子感兴趣的内容

在孩子回到家中之后，爸爸妈妈不要急于问孩子的成绩，要先问问孩子在学校发生的事情，让孩子自己讲述今天开心的事情。孩子会将自己学习的情况自动地告诉你，与此同时，孩子会觉得爸爸妈妈是在关心自己，自然对爸爸妈妈的询问不再抵触。

（2）让孩子独立完成作业

在生活中我们经常看到有的家长会在孩子写作业的时候，坐在孩子身旁指手画脚，很害怕孩子会出错，也不希望孩子出错。其实家长根本没有必要这么做，要让孩子独立完成作业。即便是出现错误，也可以在孩子做完之后再给孩子进行指导，这样不但能够锻炼孩子学习的积极性，同时还能够让孩子养成独立学习的习惯。

（3）激发孩子的学习兴趣

孩子对学习会产生兴趣，才能够更加主动认真地去学习，所以说家长应该想办法激发孩子的学习兴趣，比如说可以在和孩子做游戏的时候帮助孩子去学习。当孩子对学习产生兴趣之后，家长不用紧盯着孩子，孩子也会门门功课都会很优秀。

（4）在孩子成绩进步的时候要夸奖孩子

当孩子考试有进步的时候，千万不要忘记夸奖孩子。当孩子考了好成绩之后，他们最希望的就是得到爸爸妈妈的夸奖，所以说在这个时候要记得夸奖孩子，让孩子明白只要自己好好学习，爸爸妈妈就会开心，从而孩子便会主动地去学习了。

# 培养孩子专心学习的能力

专心是提高孩子学习成绩的重要秘诀，如果孩子学习经常开小差，总是三分钟的热度，他就不可能取得好的成绩。

有个非常聪明的小男孩，上小学三年级，可是做什么事情老是不专注、坐不住，学习上也是如此。

上课时，本来在好好地听课，可是当窗外的杨树叶被风吹得沙沙响时，他便扭头向窗外望去。自习课做作业，他时不时地想着下课，去和大家做游戏……

放学回家后，书包一扔，一下子扭着屁股，一下子跳上沙发……该做家庭作业了，谁知他又搬出一大堆的玩具来玩，还不时地捉弄一旁的弟弟……由于他学习没有专注力，成绩怎么也提不高。面对这样的孩子，父母伤透了脑筋。

现在，许多家长都为孩子学习时注意力不集中导致成绩不好而苦恼。其实，孩子学习不专心有客观和主观两个方面的原因：

（1）客观原因：与学习无关刺激物的干扰、学习单调或有困难、学习方法不当、学习环境不好等。

（2）主观原因：缺乏学习的兴趣和信心、注意力差、身体或情绪不好、不理解学习的内容等。孩子学习不专心的表现形式有：东张西望，心不在焉，人在曹营心在汉，坐立不安，情绪波动大，对学习产生抵触或淡漠。

那么，对于孩子学习不专心，家长应该怎么做呢？

（1）找出孩子不专心的原因

有的孩子学习不专心，与上学之初家长没有严格要求、严格训练有关：孩子刚入学，回家做作业时，家长一会儿给孩子水喝、一会儿给孩子东西吃、一会儿和孩子说两句话，时间一长，孩子就养成了做作业时吃东西、说话，不专心的习惯，对于这种情况，家长应克服这种过分关心孩子的错误教育方式。

（2）排除诱因，创造良好学习环境

孩子学习时，家长应尽量保持环境的安静、整洁，环境的布置要简朴，不要有过多的张贴和装饰，室内要有新鲜的空气和充足的阳光，以减少不良因素给孩子带来的干扰。

一些孩子学习磨蹭，原因是他容易被无关的事物所吸引。比如，正在读书，窗前有只小鸟飞过，他就会放下书去看个究竟；正在画图画，忽然听到电视里的声音，就会丢下画了一半的画，跑去看一眼电视，留下半拉子图画磨蹭着不肯马上画好，其他的事也雷同。所以，孩子学习的"战线"往往拉得很长，效果还不一定好。针对孩子这种坏习惯，爸爸妈妈可商量好，孩子学习时，尽量保持安静的环境，排除与当时事件无关的因素，使孩子能专心于学习，加快速度也保证质量，慢慢就养成了高效学习的好习惯。

（3）加强沟通交流，激发孩子学习积极性

如经常与孩子进行交心式的谈话，向他讲述一些有关学习的故事和小常识，在逐步与孩子建立相互信赖的朋友关系的同时，也能使他认识到学习的重要性。当孩子在学习中遇到困难而又不能解决时，往往会对学习放松甚至放弃，出现分心现象。在这种情况下家长要提醒他，帮助他找出原因，克服暂时出现的困难，完成学习任务。当孩子在学习上取得一定成绩时，家长应及时给予表扬和鼓励，以激发孩子学习的积极性；当孩子出现学习分心的现象时，不要过分指责，批评，

（4）适当陪伴

孩子学习早期，学习的坚持性和注意力的集中程度是有限的，家长在一旁的陪伴对孩子是一种支持，你也可在旁边专心做自己的事情，给孩子树立一个专心做事的榜样，不要总跟孩子说话，给孩子创造一个安静的学习环境。

# 不打不骂，孩子也能按时完成作业

孩子做作业时精力不集中，写着写着就停，不知在想什么，写作业时的多余动作特别多，比如说找橡皮。刚刚学过的有印象的字还要照着书看着抄下来，这一遍写完了，下一遍还是照着抄，不能连续地写。写作业不能独立完成……这一系列习惯上的拖延，真是让家长又急又窝火，怎么办？打骂吗？当然不行！行为习惯上的拖延，不靠打骂，靠训练。

有个妈妈下功夫观察儿子到底是怎么写作业的。她发现儿子写一个小时的作业站起来七回，一会儿打开冰箱看看有什么好吃的，一会儿打开电视看看动画片开始了没有，不到十分钟站一会儿转两圈，这样写作业能不磨蹭吗？

妈妈于是对儿子说："你是一个很聪明的孩子，但是我刚才给你数了数，一个小时站了七回，是不是太多了？我看你写一个小时的作业站起来3回就差不多了吧。"儿子觉得妈妈挺宽容的，便说："三回就三回。"妈妈继续说："你如果一个小时内站起来不超过三回，当天晚上的动画片随便看。"儿子听了高兴得不得了。妈妈又说："先别开心，有奖必有罚，如果你一小时写作业站起来超过了三回，当天晚上的电视就不能看，包括动画片。"

于是，母子协议达成了。

结果是五天下来，儿子三天做到了一小时写作业站起来不超过三回，兴高采烈地看了动画片。但是有两天忘了，一到了六点钟就急，因为不能看动画片。可怎么央求妈妈也不能破例。

就这样，经过三个月的训练，这个孩子终于养成了专心写作业的好习惯。

还有一位妈妈，望子成龙心切，以前孩子不能按时完成作业，她非打即骂。后来看了一本名叫《爸不吼，妈不叫，教育男孩有绝招》的教育类书籍，颇受启发，渐渐改变了教育态度。

那个周末外出之前，她和儿子商定，在妈妈回来之前一定要完成作业，并叮嘱孩子累了可以适当玩一会儿，但不要边玩边学，这样玩没玩好，学习的效果也大打折扣。那天下午五点左右她回到家中，儿子躲躲闪闪心神不宁，她猜想儿子一定是作业没完成，就顺口问了句："儿子作业写完了吗？"孩子不说话，先是把写好的语文作业和录音作业拿给了她，她看了看，语文作业倒是写得不错。但数学呢？她快步走进儿子的卧室，来到书桌旁，才发现数学作业只写了一点点。她的火气一下子就蹿上来了，但还是迅速忍住了。

她尽量让自己平静下来，并拿出那本《爸不吼，妈不叫，教育男孩有绝招》，参考怎样处理眼前的情况。读完之后，她的情绪较之前舒缓了一些。看见儿子不敢来吃饭，她找个理由让儿子赶快过来吃："儿子，吃完晚饭后想去跟教练打会儿乒乓球吗？"孩子迟疑了一会儿，他大概还在等待妈妈的发火，因为这是妈妈之前的一贯做法。她和颜悦色地又问了一遍，这时孩子也消除了胆怯，坐在餐桌上吃饭了。

吃完饭，她和孩子一起去打乒乓球，那天恰巧教练不在。于是母子二人散起步来，她边走边拉着孩子的手，这样双方的情绪慢慢都消除了，她见儿子彻底平静了，才开口问道："儿子，对于没有完成作业这件事，你怎么看？""哦，我错了妈妈，我这样做很不好！""你还记得咱们对不完成作业是怎么约定的吗？""记得：一个星期不准看动画片。"于是按照约定，孩子答应一个星期不看动画片。

回到家中，她又问儿子，以后怎么克服这种情况？孩子想了很久，也没有想出合适的办法，他觉得自己还是需要妈妈来监督。妈妈没有认同，建议孩子再想想，或许能想出更好的办法能让自己按时完成作业！另外，她也在反思自己，在给孩子的作业具体化的过程中，有没有完全征得孩子的同意？是不是成了霸王条款？会不会孩子因此嫌作业任务太重而产生畏惧和懈怠呢？她觉得自己还有很多需要改的地方。

尽管针对这件事，孩子还没想好怎么去做，但她还是蛮开心的，因为自己首先改变了以往处理问题的方式，用温和的方式让孩子反省自己的错误，并把责任还给了孩子！她相信孩子一定能想出解决问题的办法，并一定能做到：即使没有别人监督也能按时完成作业！

孩子磨蹭，打骂就有用吗？显然不是，这往往只会起到反作用。孩子拖延，爸爸妈妈首先应该让孩子认识到动作慢、爱拖延是一个行为习惯上的问题，可以告诉孩子动作慢会造成什么严重后果，或者让他吃一次小亏，孩子以后在同样的问题上就会记住教训了。

那么，针对孩子写作业拖沓这件事，家长们应该用哪些方法加以纠正呢？下面，给大家综合一下教育学者和聪明爸妈的妙招：

（1）一分钟能做多少事

①准备几十个简单的加减法口算题（根据年级不同，难度可以不同）。在一分钟之内，看孩子最多能做多少道题。让孩子感觉到，一分钟都能做十多个小题，而自己写作业的时候，有时候几分钟也写不出一个小题。

②找一些笔画和书写难度相当的生字，看孩子在一分钟内最多能写书多少个字。记下每次的情况，并进行对比。

这样的训练能够使孩子体会到时间的宝贵，并认识到，原来一分钟可以做很多事情呢？在引导孩子珍惜时间的同时，也能提高孩子的写字速度和做题速度。

（2）和孩子一起学习

和孩子一起制定一个完成作业的时间表，帮助孩子养成良好的作业习惯。每天固定时间来做家庭作业。如果没有作业，这个时间段内也要学习，让孩子养成固定时间学习的习惯。

除了鼓励孩子完成家庭作业外，家长还应该鼓励孩子学会在阅读时做笔记、学会看图表、学会用自己的语言总结阅读的内容、制作记忆卡片，等等。在孩子做作业的时候，爸爸妈妈不妨也看看书，让孩子感觉到我们是和孩子一起努力。

（3）和孩子比赛看谁快

训练缩短孩子生活自理行为的时间。比如和爸爸妈妈比赛穿袜子，看谁更快。在比赛之前先教孩子怎么穿得快的方法，手把手地训练。家长在比赛时，可以故意放慢一点，让孩子觉得有取胜的可能。甚至有时候不经意输给孩子，让孩子觉得自己能做得快。让孩子在生活中做事快，在学习中才会快起来。

（4）给孩子营造良好的学习环境

孩子在做作业时，家长尽量不要一会儿给孩子递个苹果、一会儿又让他喝杯牛奶等。有时候，我们的"特别照顾"，反而会影响孩子做作业的思路，使他很难集中注意力，导致做作业的时间拖延得比较长。如果有可能的话，在家里给孩子布置一个安静、舒适、光线良好的学习区域。这可以在家里的任何地方，不一定非得有一个专门的房间，但最好固定下来，不要让孩子每天换一个地方。让孩子做作业的地方井井有条。

（5）灵活安排作业时间

孩子放学后，如果有有益的电视节目，孩子又非常想看，不妨让孩子把电视看完再做作业，要不他做作业时心里也会一直惦记着电视，作业也会做不好的；但一定要给孩子讲明，看电视和做作业是有轻重和主次之分的，只有在不影响学习的前提下才可以通融的。

总之，孩子做作业磨蹭，家长一定要用耐心和爱心帮助孩子逐步改正，不要操之过急。要注意总结方式方法，不断提高孩子的速度。

# 寓学于乐，学习玩耍两不误

不愿意学习的孩子，通常会把学习当作一件苦差事，甚至当成一种惩罚，所以一涉及到学习问题，他们才会拖拖拉拉，百般不愿。对于这样的孩子，我们最好的办法就是引导出他们的学习兴趣。也就是说，我们要根据情况，顺着孩子的脾气慢慢疏导，让孩子把学习当成一件快乐的事情。事实证明，这是一种非常有效的方法。

八岁的聪聪正如他的名字一样，是个很聪明的孩子，可就是对学习毫无兴趣，一说让他学习，他就找借口拖延，说不听，骂不灵，父母、老师拿他毫无办法。有一天，聪聪独自一个人在院子里玩耍，他从杂物箱中翻出了两小块磁铁，他将其中一块放在地上，一块握在手里，地上的那块磁铁一会儿被手中的磁铁推着走，一会儿又紧紧吸在一起。这时爸爸走了过来："聪聪，你知道磁铁的奇妙之处吗？""有什么不知道的，"聪聪撇了撇嘴，"我用正面对着那块，那块磁铁就会被推着走，我把手中的磁铁转过来，它们就又会吸在一起！"爸爸笑了："你呀，还没弄明白呢！磁铁分为正极和负极，而且'同极相斥，异极相吸！'利用这个道理还可以发电呢!""真的吗?"聪聪惊喜地问,"那我的这块是正极还是负极?为什么正极和负极就要吸在一起?"爸爸耐心地给聪聪讲了一下午,并陪他做了很多试验。当聪聪知道这都是物理学中的知识后,兴奋地告诉爸爸自己以后要做个物理学家。

在游戏中学习,在学习中游戏,这是一种很适合孩子的教育方法,对激发孩子的兴趣和求知欲大有好处。那么,怎样才能把学习游戏化呢?

(1)玩一些开发智力的猜谜游戏

父母可以试着把孩子要掌握的知识编排到游戏中去,比如说游戏填空、成语接龙等。或者把知识编进谜语,让孩子猜,猜对了给予奖励,等等。在考试之前,父母还可以和孩子一起猜一猜"明天考试会出什么题呢?"孩子为了能够猜中,很可能就会扩大复习范围,提高复习的效率。从孩子的心理来讲,如果这次体会到乐趣,以后就会主动去猜题。孩子们渐渐地就会萌发好胜心,取得的效果也就更加明显。而且,讨论有没有猜中的过程,其实也起到了复习功课的作用。简单的猜谜游戏,却能够引导孩子走上爱学习的道路。

(2)老游戏新用

有很多人对于汉字和诗词的记忆都是得益于小时候玩的汉字卡片。甚至于成年之后,仍然能够听到上句,下句脱口而出。

如果只是背诵汉字、诗歌,当然不会留下如此深刻持久的印象。因为得益于游戏,才会很自然地刻在头脑中。

对于那些不喜欢背汉字的孩子,就可以把读音和笔画写下来,做成汉字卡片。另外,用扑克牌玩"24点"等计算游戏,也是在学习算术。

（3）在找错游戏中培养孩子学习的兴趣

在家长会上经常有父母提到自己家的孩子不读书、不看报，令人担忧。然而，这些不读书、不看报的孩子也对报纸上的找错游戏很感兴趣。这种找错游戏不仅登载在大人杂志上，在那些面向儿童的报纸、杂志上也几乎都毫无例外地登载着。这就证明，不仅大人们喜欢这种找错游戏，孩子们也很欢迎。而且，令人吃惊的是大人们需要一天才能解答的问题，孩子们时常当场就能找到答案。这大概是因为孩子们充满了好奇心，所以特别热衷于这种找错游戏。

父母不应错过这个利用孩子好奇心的好机会。比如说，和孩子一起做习题集的时候，可以故意把答案说错几处。当发现这些错误的时候，孩子一定都很兴奋。如果孩子能够带着这种找错的热情把一本习题集从头到尾反复阅读的话，就会想做更多的习题集。

（4）拼图游戏寓教于乐

著名的教育学家蒙台梭利把世界地图做成拼图游戏，把这种方法当作激发孩子学习兴趣的第一步。孩子对拼图游戏天生有一种好奇，即使那些从来不看地图的孩子听说是拼图游戏，也都聚精会神地把打散的地图拼凑起来。那种情景无论是谁看到都会感到很惊讶。孩子们都喜欢游戏，特别是拼图游戏在世界范围内都大受欢迎，经久不衰。日本自古以来就有的"嵌绘"就属于这类拼图游戏。可见这种拼图游戏从古至今都是受欢迎的。

比如说，让一个对地理毫无兴趣的孩子来做本国地图的拼图游戏。虽然他对本国地图本身是不感兴趣的，但是他却会被游戏吸引。而且，孩子们都是完美主义者，即使有一块拼图没有拼装上去也会不高兴。当他完成整个拼图的时候，本国地图的全貌一定已经深深地刻在他的脑海中了。

（5）让孩子跟自己玩个竞争游戏

孩子总是争强好胜的，在做题的时候，让孩子把自己当对手，父母为他记录一下半个小时做了多少道题，再让他不断挑战自己的纪录，如果挑战成功的话就给孩子一些奖励。这样一来，孩子的学习热情就会被调动起来，学习的效率也会大大提高。

在学习中添加游戏的因素，可以改变学习在孩子心中的印象，潜移默化中消除孩子拖延学习的毛病，并让学习变得生动有趣。需要注意的是，这是一个渐进式的过程，父母们一定要多点耐心才行，如果催逼得太紧，孩子反而会更加排斥学习了。

# 培养孩子持之以恒的学习习惯

学习是一件非常辛苦的事，也是一件需要持久坚持的事，所以人们常说学贵有恒，也因此荀子写下了"骐骥一跃，不能十步；驽马十驾，功在不舍"的传世名言。

李白小的时候非常贪玩，不用功读书。有一天，他到野外游玩，见到河边有位白发苍苍的老婆婆，手里拿着一根大铁棒，在石头上用力磨着。李白很奇怪，就上前问道："老婆婆，您这是在干什么呀？"

老婆婆一边磨铁棒，一边回答说："我想把它磨成一根绣花针。"

李白被老婆婆的行为所感动，向她深深行了个礼，回家持之以恒地学习去了，最终他成为了中国诗坛上有名的诗仙。

王献之八岁的时候就跟父亲王羲之学习书法，他聪明好学，每天都要伏案练字。可是，时间一长，王献之就有点儿沉不住气了，感到厌烦，想走捷径，就问父亲学书法有什么秘诀。

王羲之指着家里的七口大水缸说："秘诀就在这七口缸里，你把这七口缸里的水写完了，自然就知道其中的秘诀了。"

王献之从此苦练基本功，真的写完了七口大缸里的水，终于成为与父亲齐名的大书法家。

李白和王献之之所以能够成为中国历史上诗坛和书法界的名人，和他们持之以恒的学习是分不开的。即使是天资聪颖的孩子，如果学习不能够持之以恒，那么他也只能庸庸碌碌一生。

王安石笔下的方仲永，生来天资聪颖，六七岁时就能够吟诗作文，并且别人指定物品让他写诗也能立刻完成，诗的文采和道理都有值得观赏的地方。一时之间，乡里乡亲都请他们父子二人到家里做客，并求诗文。

方仲永的父亲见有利可图，便不让仲永学习了，天天带着他四处拜访同县的人。等方仲永十二三岁时，王安石让他作诗，他写出来的诗已经不像样了。再过七年的时候，方仲永的才能已经消失，完全如同常人了。

由此可见，生来聪慧的孩子，如果中断学习，他先前的才华，也只能是昙花一现，他也只能平庸地终老一生。

孩子的好奇心比较重，见什么喜欢什么，见什么想学什么，但是常常不能持久，所以培养孩子持之以恒的学习习惯，可以从他们的兴趣爱好做起。

一位小朋友和妈妈去阿姨家做客，发现阿姨家的钢琴挺好玩的，于是就要学钢琴。妈妈针对她以前学美术时耐性不够的缺点，一开始并没有答应她，只是常带她去看别的孩子弹琴，让她感受练琴时的辛苦和枯燥，让她知道练琴所需要的耐性和坚持。

除了这些，妈妈还给她讲了好多名人持之以恒而取得成功的事例，并且告诉她如果想和钢琴家一样能弹出优美动听的旋律就得付出代价。

接下来妈妈告诉她，如果要学就要坚持不懈，不能遇到困难就退缩。这位小朋友经过考虑，答应了。为了防止她坚持不下去，这位妈妈首先以身作则，每次都坚持同她一起去学，每晚都要在旁边鼓励她，遇到有难度的曲子时，还和她一起练，和她比赛，看谁能先学会弹。

如学到四手联弹时，妈妈就和她比谁的音阶和节奏最准，比谁的手形最好看。在学歌曲时，就让她自弹自唱，每次还为她评分，让她有种演奏家的满足感。

就这样自始至终，这位小朋友对钢琴都怀着极浓厚的兴趣，每周到老师家里学琴都很积极，每次都迫不及待地要求老师检查功课。正如老师所讲，这位小朋友是她所教学生中对钢琴最有兴趣、完成功课最好且一直能坚持下去的一个。

　　培养孩子持之以恒的学习习惯，可以激起他们学习的兴趣，让他们在兴趣中坚持，因为兴趣是最好的老师。

　　培养孩子持之以恒的学习习惯，家长应该注意以下几点：

　　（1）让孩子正确地对待学习中的挫折和困难

　　学习过程中难免会有挫折，一次考试的失利抑或一道难题，都是成功的绊脚石。告诉孩子学习是需要打持久战的，不可轻言放弃。

　　（2）让孩子在学习中戒骄戒躁

　　要孩子明白学习若骄傲自满，不能持之以恒，就会永远徘徊在成功的门外。只要在学习中排除一切不良的情绪，不被一时的冲动或成功冲昏了头，成功将会永远属于自己。

　　（3）让孩子在学习中体验快乐

　　不少孩子在学习中不能持之以恒，就是因为感觉学习太枯燥了。所以，家长应该想办法让孩子感受到学习是快乐的。

　　（4）让孩子对学习产生兴趣

　　兴趣是最好的老师，如果孩子对学习没有兴趣，一般都很难学下去，所以培养孩子的学习兴趣，是孩子学习持之以恒的重要因素。

　　学贵有恒，胜不骄，败不馁，坚持下去，成功就在眼前。